アントニオ猪木とは何だったのか

入不二基義 Irifuji Motoyoshi
香山リカ Kayama Rika
水道橋博士 Suidobashihakase
ターザン山本 Tarzan Yamamoto
松原隆一郎 Matsubara Ryuichiro
夢枕獏 Yumemakura Baku
吉田 豪 Yoshida Go

a pilot of wisdom

JN042841

はじめに

本書は、二〇二二年一〇月一日に七九歳で亡くなったアントニオ猪木をめぐる一冊である。

この不世出のプロレスラーに関する思い出話やこぼれ話は、逝去直後からメディアで大量に報じられてきたが、それなりの時を経た今こそ、わたしたちは真剣に向き合わなければならない。

わたしにとって、あなたにとって、プロレス界にとって、時代にとって、社会にとって、アントニオ猪木という存在は何だったのか。アントニオ猪木とは何者だったのか。

「いい話」を集めた単なる追悼コラム集にしないよう、本書はそうした猪木「論」を本格的に展開できる識者たちに書き下ろしの原稿を依頼した。

プロレスについて、猪木について考えることは喜びである、すべての猪木ファンに捧《ささ》げたい。

（編集部）

目次

年表レイアウト／MOTHER

壁抜けしつつ留まる猪木

入不二基義

〔いりふじ・もとよし〕
哲学者。１９５８年生まれ。東京大学文学部哲学科卒業、同大学院博士課程単位取得。専攻は哲学。青山学院大学教育人間科学部教授。著書に『相対主義の極北』（ちくま学芸文庫）、『時間は実在するか』（講談社現代新書）、『時間と絶対と相対と―運命論から何を読み取るべきか』（勁草書房）、『哲学の誤読―入試現代文で哲学する！』（ちくま新書）、『足の裏に影はあるか？　ないか？―哲学随想』（朝日出版社）、『あるようにあり、なるようになる―運命論の運命』（講談社）、『現実性の問題』（筑摩書房）、『問いを問う―哲学入門講義』（ちくま新書）など。

1．竹的な体軀《たいく》

「アントニオ猪木は華奢《きやしや》である」と言ったら、一笑に付されるだろうか。

もちろん、比較の問題であるから、われわれ一般人と比較するならば、猪木は十分に長身であり、胸板もぶ厚く、頑強である。しかし、プロレスラーとしては（プロレスラー基準で比較すれば）、どうだろうか。もちろん、一般人と変わらないと言うほどの短身ではまったくない。しかし、それほどの長身とまでは言えない。そのあたりの微妙さは、猪木の実際の180cm台の身長を、[*1]公式身長では190〜191cmと称していたことにも表れている（業界内ではさばを読むことは珍しくないとはいえ）。おそらく、プロレスラー基準としては、190cm以上なのか、それ未満なのかは、一つの「分水嶺《ぶんすいれい》」なのだろう。実際の猪木は、その基準にわずかに届いていなかった。この「わずかに」が重要である。

身長だけではない。猪木の前腕部や上腕部に注目しながら試合を観《み》ていると、特に相手が屈強な外国人レスラーの場合には、その**線の細さ**が心許《こころもと》なく感じられて、こちらに不安を喚起することさえあった。同じ観点でジャイアント馬場の腕の細さに注目すると、心許なさや不安を通り越して、フリーキー（freaky）なアンバランスまでも感じてしまうが、アントニオ猪木の場合には、そこまでの不自然さはない。それでもわずかに細いと感じられる。あからさまにではなくて微妙に、**華奢**なのである。他の箇所以上に前腕部の大きさには、生来の骨格の大きさが反映されやすく、全体としては同じサイズ感の外国人レスラーとの比較であっても、アントニオ猪木の前腕部には、わずかに細さが目立った。少なくとも、そこに「頼もしさ」はなかった[*2]。

　同様のことは、肩幅や胸板や太ももなどを含む全身にも感じられた。そう感じているときの比較対象は、ジョージ・ゴーディエンコやローラン・ボックのような野太い体軀であったので、比較対象のレベルが高すぎるとも言えるのだが。ゴーディエンコとボックの二人は、（技術以前の）肉体そのものが、凶器と感じられるほどの存在感を持っていた。しかし、我らがアントニオ猪木には、そこまでの肉体自体の存在感を見出《みいだ》すことはできなかった。対戦相手の背中に振り下ろされ打ちつけられるゴーディエンコやボックの腕は、「**丸太**」そのものであった。その「丸太」は振り下ろされるだけで説得力を持った。しかし、猪木の腕は「**竹**」であって、振り下ろされるだけでは、痛そうではあっても、同種の破壊的な説得力は持たなかった。しかしその代わりに、その「竹」のしなやかさは、猪木の「弓を引くストレート」の形態美を生み出すことができた。

　アントニオ猪木は、ゴーディエンコやボックのような偉丈夫《いじょうぶ》ではなく、そこまで頑強な肉体には恵まれていなかった。しかし、プロレスラーとしては華奢であるからこそ、猪木固有の美しさを生み出すことができた。プロレスラーとして大成するためには、圧倒的な肉体の存在感に依拠できない以上、固有のスタイルと美を生み出す必要があった。「竹」と言ったのは単なる比喩ではない。「竹」には巨大な「丸太」のような**剛《つよ》さ**はないが、その代わりに**勁《つよ》さ**がある。**しなやかさ**もある。猪木のその「**竹的な体軀**」を象徴的に表現している所作が、彼のハイ・ブリッジである[*3]。

　ブリッジで反り返ったときに、一般人ならば、せいぜい頭頂部辺りでアーチの一端を支えることになるが、レスラーのブリッジは、そこから先へ進む。反り返りをさらに深くして反ることで、頭頂部ではなく額（おでこ）がマットに着くように、さらに額ではなく鼻先が着くまで、アーチは高く美しくなる。猪木の場合には、さらに深く反り返って、鼻ではなくあの顎までがマットに着いて、**弓なりのアーチ**を描くことができた。そのアーチを上下左右に動かして、伸ばしたり縮めたりしながら、レスラーは首を鍛えると同時に、身《か》体《らだ》を解《ほぐ》す。

プロレスが、肉弾的な衝突のみによって構成されるのであれば、高いブリッジ能力は不要なのかもしれない。実際、そういう肉弾的プロレスもあるし、肉弾的な局面もプロレス内で生じる。そういうプロレスは、持って生まれた圧倒的な肉体どうしの張り合い・競い合いであり、相撲のぶつかり合いにも通じる。その衝突の局面は、ブリッジ能力が有効に生かされる場面ではない（首の頑強さはいかなる場面でも必須であるとしても）。

では、猪木の高いレベルのブリッジ能力は、何のためにあるのか？　いやそもそも、レスリング行為[*4]にとって、ブリッジとは何か？　という問いにも繋《つな》がる。レスラー（プロレスラー）とブリッジが当たり前のように結びついて感じられる人にとってはなおのこと、その結びつき自体を問われると、逆に一瞬「？」となるかもしれない。猪木のブリッジは、そういう問いを生きていたとも言える。

ブリッジは、レスリング（プロレス）が対戦相手の両肩をマットに着けることを終局《フォール》とするからこそ、それに抵抗してマットに肩を着けない技術として重要な意味を持つ。あるいは、投げ技では、ブリッジの反りがスープレックスを可能にするし、寝技ではトップを取る相手を撥《は》ねのけたり、反転入れ替わりのためにも使われる。いわば、ブリッジの反り返りは、組み技格闘技の基本所作の一つである。もちろん、格闘に耐えうる首を養成するための基本トレーニングでもある。

しかし、アントニオ猪木にとっての竹的にしなやかなブリッジは、基本所作的な意味以上の意味、あるいは基本トレーニングという意味以上の意味を帯びていたのではないだろうか。その「それ以上」の中には、「丸太」的なナチュラルな屈強体軀への対抗や、ジャイアント馬場的な規格外性への対抗という意味も含まれていただろう。つまり、その華奢ではあるがしなやかな竹のような身体にとって、その特性にマッチした柔軟なブリッジ所作は、「俺には（たとえ他は欠けていても）これがある」というアイデンティティさえも、アントニオ猪木に与えていたであろう。それほどに、ブリッジと猪木の親和性は大きい。

2．竹的な体軀による技

猪木的な身体に適したプロレス技とは、どの技だったのだろうか。もちろん、猪木が抜露した技は、すべてが猪木の技なのであって、そのすべてが猪木的であるとも言える。しかし、たとえそうだとしても、諸々《もろもろ》の技たちの中には、おのずと区別があって、どれもが平等だとは思えない。

「竹的な体軀」と言ってよい、豪胆ではないが、しなやかな勁《つよ》さと柔らかさに恵まれた猪木の身体にとって、（競技的にも表現的にも）適していた技として、コブラツイスト（とその上位互換の卍固《まんじがた》め）と、スリーパーホールドを私は挙げたい。どちらも**絡みつき系の技**として一括することもできる。絡みつき系の技は、先述の肉弾系の技（というよりもぶつかり合いそのもの、あるいはタックル系の技を加えてもよい）と対照的である。衝撃力の大きさによってではなく、縄のように全身にあるいは急所（首）に巻きついて、身体の構造上訪れざるを得ないダメージを相手にじわじわと加えていく。それが、絡みつき系の技である。技の時間性も、肉弾系と絡みつき系では対照的である。

コブラツイストや卍固めを相手にかける場合には、自らが曲線的に柔軟に絡みつける身体を持っていないと、その技の合理性に基づく美しさまでは、表現できない。*5 上半身の密着や角度や反りだけでなく、下半身についても、つま先を相手の脚にきちんと絡みつけてフックできているかどうかは、技の完成度に影響する。竹的な体軀は、コブラツイストや卍固めの完成度を高める身体である。

スリーパーホールドの場合には、いささか事情が複雑であるが、まずは単純なことの確認から。自らの前腕部を相手の首回りに巻きつけて、絞め落とそうとする技であるから、**絡みつき系の技**であることは間違いない。猪木の前腕部が、プロレスラーとしては、わずかに細めであることは、この技をかけるためにはプラスに作用している（猪木自身がそう発言していた記憶がある）。防御しようとする相手の腕の隙間や、竦《すく》めた肩と首の隙間へと、自分の手や前腕部をさし込もうとするとき、スリムな腕のほうが、相手の防御を掻《か》い潜《くぐ》り突破しやすい。また、防御を突破した後も、橈骨茎状突起《とうこつけいじょうとっき》を的確に利用できて、腕力ならぬ骨力による攻撃も効果を発揮した。猪木自身も、自らの身体の特性にしっくりくるこの絞め技に対して、愛着さえ抱いていたのではないだろうか。

「いささか事情が複雑」と言ったのは、スリーパーホールドの場合には、頸動脈《けいどうみゃく》を絞める技として考える場合と、チョーク気味に気道を塞ぐ（潰す）技として考える場合で、事情が異なると思われるからである。*6

プロレス内ルールとしては、後者の気道を塞ぐことは反則になるが、前者の頸動脈を絞めることは容認されている。しかし、この「境界」は危うい。簡単に超えることができてしまうし、しばしば超えられたであろう。あるいは、超えたり戻ったりすることを、演出的に行ったりもしたであろう。何しろ、気道と頸動脈は、同じ一つの首の「前と横」の違いにすぎないし、両者は近くて連続している。しかも、その首は、極めようとする攻撃者の腕の中に包まれ隠されているので、いまどこを攻撃しているのかは、外から見えにくい。技を取り巻くこのような状況が、**ルール内とルール外の越境と回帰の往来**を比較的容易《たやす》いものにしている。こうした小さなしかし原型的な「越境と回帰」、すなわち頸動脈絞めと気道塞ぎのあいだの（ルール内とルール外のあいだの）微妙な往来は、猪木のプロレスそのものの縮図でもあったのではないだろうか。

ちなみに、ここにはもう一つ、ネッククランク（ネックロック）を加えておくべきかもしれない。「首」が攻撃対象になる（首極めである）点では、喉絞めと頸動脈絞めと同じカテゴリーに入るが、ネッククランクは、頸椎《けいつい》に対して、曲げたり捻《ひね》ったりする力を加えることで痛みを与え、ギブアップを狙う技である。格闘技経験者でなくとも、「頸椎に曲げたり捻ったりする力を加える」と聞けば、直観的にその危険性を感じ取ることができるだろう。まさにそのとおりの危険性があるからこそ、組み技系の各種格闘技において、ネッククランクは禁じ手になったり、制限されたりする。しかし、驚くべきことに、ネッククランクは、プロレスでは反則技ではない。その危険性を包含しつつ技として使うためには、厳格なルールによる線引きで危険性を制御するか、暗黙の了解（信頼性）に委ねるかのどちらかになるだろう。もちろん、プロレスは主に後者によって、危険性を吸収しようとする。

この**首極め技トライアングル**（喉絞め・頸動脈絞め・頸椎捻り）の絶妙な三角形内部での攻撃のバリエーションには、プロレスにおける「越境問題」が凝縮的に表現されている。ここでの「越境」とは、ルール内からルール外への**はみ出し**と、ルール内への**回帰**、そして暗黙の了解への**信頼と裏切り**のことである。アントニオ猪木は、その体軀の特性によってだけではなく、その心性（感情の表出）においてもまた、「越境問題」に敏感であったレスラーの一人であろう。*7

3. 越境的なプロレス

越境問題は、プロレスの専売特許ではない。あらゆる人間関係の場面で（その中でも特に、性愛が焦点化される場面で）、いつでもどこにでも浮上する。ここでの**性愛関係**は、プロレスにおける一**線を越える関係**の対応物である。

二人で「手を握り合う」という状況を考えてみよう。

それは、挨拶（たとえば握手によって争いの意志がないことを伝えるための一時的な身体接触）から、友愛（たとえば共同の勝利の悦《よろこ》びを分かち合うための親密な手の握り合い）へ移行しうる。さらに、友愛から性愛（握り合った手を愛撫《あいぶ》し続ける持続的で変化に富んだ性的な接触）へも移行しうる。挨拶（非交戦）から友愛（親密）へ、さらに友愛（親密）から性愛（親密以上の濃密）へと度合いを上げていくことができる。同じ「手を握り合う」行為と言えるものが、その移行を橋渡しすると同時に、こちらに留まる関係性とあちらにまで進む関係性を区切ってもいる。「手を握り合う」行為は、ある種の「関門」のような役割を果たしている。

恋人どうしが性愛関係へと入ろうとするとき、「手を握り合う」行為は、その行為の持続時間や触り方の細やかな変化を通じて、「**こちら**」から「**あちら**」への**越境の節目**になる。しかも、その種の節目は細密に見れば、無数に細かく刻まれている。指を絡め合って手を繋ぐことから、互いの指の腹を指で愛撫し合うことへの移行にも、小さな越境が刻まれているように。

かりに、手に関する可能な越境をできる限り経験し終えたとしても、その内に留まり続けるか、さらにその先へと踏み出すかという越境問題において、逡巡《しゅんじゅん》と踏み出しのあいだの動的な均衡が続く。しかし、その均衡はいずれ崩れるだろう。「性愛的に手を握り合う」行為から踏み出して、「互いに抱擁し愛撫し合う」行為へと越境する。こうして、越境は、その緊張度を吊《つ》り上げながら、その後も繰り返される。

「手を握り合う」行為の内での越境は、比較的容易い。中学生の恋人どうしであっても、簡単に越境するだろう。プロレス内においても、同じように比較的容易い「越境」は、陰に陽に行われている。ただし、プロレスにおける越境は、「性愛」ではなく、「戦闘」「制圧」を志向する越境である点は、異なるけれども。

先述の**首極め技トライアングル**の例に戻ってみよう。ルール内の頸動脈絞めから、ルール外の喉絞めとルール内の頸椎捻りを複合した「反則技」へとわずかに踏み出してみることは、小さな「越境」である。アントニオ猪木は、そのような微妙な越境の手練《てだれ》であった（首極め技の三種も絶妙の調合で使い分けていた）。そのわずかな「越境」は、指のあいだは閉じたまま互いに強く手を握り合う友愛の行為から、指を絡め合って愛撫し合う性愛の行為への「越境」と並行関係《パラレルな》にある。両者の越境のイメージは、正反対かもしれない。プロレスにおける反則技的な越境は、より大きな「苦痛」に通じているのに対して、指を絡める性愛的な越境は、より大きな「快楽」に通じている。しかしながら、どちらも、安定的で安全なこちら側（ルール内攻撃や友愛）から、不安定で危険な向こう側（ルール外攻撃や性行為）へと踏み出そうとする越境である。その点で、パラレルである。「手を握り合う」行為における小さな越境と、首極め技トライアングルの内での小さな越境（反則）は、どちらも身体的なテクネー（指の繊細さや技の洗練）に強く依存する点でも、よく似ている。

　しかし、これらの越境は、まだ序の口である。

「手の握り合い」は性愛への入り口であって、その行為の先（奥）には、全身で抱き合う行為や接吻《せっぷん》や性的な愛撫が控えている。さらに先の「向こう」には、服を脱ぎ捨てた裸体どうしでの性的な接触や性交やその他の性戯も控えている。多くの人が経験するように、この一つ一つは「越境」の積み重ねであり、その移行にはそれなりの衝撃や苦労を伴うが、越境後にはその困難については忘れ去られてしまう。

プロレスにおいては、どうだろうか。性愛における「越境」の積み重ねの中には、ひときわハードルの高い境界線が存在するように、プロレスにおいても、小さな越境から、**「一線を越える」**とまで言えるような大きな越境も存在する。

性愛においては、着衣での抱擁か裸体での抱擁か（あるいは、性交するかしないか）は、大きな境界線として意識される。プロレスにおいては、首極め技トライアングルの内での小さな越境（反則）は、たとえ明示的なルールを一時的に逸脱するものだとしても、暗黙の了解（信頼性）の範囲内で行われる限りは、プロレスそのものが壊れてしまうことはない。むしろ、プロレスは、反則を許容するルールを持つほどに柔軟であり、可塑性が高い。しかし、その**暗黙の了解自体からの逸脱**は、「一線を越える」と言えるような大きな越境に繋がる。この場合には、暗黙の了解が「着衣」にアナロジカルに対応する。着衣あり内部での逸脱から、着衣そのものからの逸脱（裸体になること）への移行が、プロレス行為が壊れて外へと越境することに類比的である。

ここでもまた、アントニオ猪木は、「一線を越える」と言える越境の手練であった。そのような「越境」が、なぜ猪木には可能だったのだろうか？　少なくとも、三つの要因が考えられる。第一に、**身体的・技術的な要因**がある。小さな越境の積み重ねに敏感であることが、大きな越境をも可能にした。すなわち、竹的な体軀が身につけていった技（技術）は、プロレス行為の外へ踏み出すためにも、いや踏み出すためにこそ、効果的であった。ありていに言えば、猪木の身体と技術は、プロレス外的なリアルな格闘にも通用する水準に達していた。[*8]第二に、**メンタルな要因**がある。気概や覚悟をその一部として含む越境者的なメンタリティ（心性）が、大きな逸脱にも耐えうる強さを猪木に与え、むしろ積極的に逸脱を志向させた。そのメンタリティ（心性）のルーツあるいはコアには、彼のブラジルでの移民生活の経験や、日本への外からの視線を伴う帰還や世界的な野望への着手等々の履歴があることは、間違いないだろう。第三に、**権力的な要因**がある。猪木自身が会社のトップであることが、プロレスからはみ出す制裁的な権力を発動させることを可能にしていた。

権力の発動としての逸脱の代表的一例は、猪木×グレート・アントニオの一戦（一九七七年十二月八日、東京・蔵前国技館）における、凄惨な制裁行為である。グレート・アントニオの傍若無人でプロレスを愚弄するかのようなふるまいを諌《いさ》めるために、猪木はその怪物的な巨体をテイクダウンして、顔面（鼻っ柱）を蹴り上げる（明らかにプロレスを逸脱した顔面蹴りである。力道山×木村政彦戦の顔面蹴りもフラッシュバックする）。グレート・アントニオは戦意を喪失して、あっけない幕引きとなった。興行的な価値を引き出すことを放棄してまでも、社長自らの理念と権力によって、見世物《イロモノ》的な存在を叩《たた》き潰したことになる。*9

アントニオ猪木は、そのプロレス人生の中で、「暗黙の了解」を超え出てしまうような、そういう**越境的なプロレス**（あるいは**プロレスからの越境**）を、何度も経験している。その経験を可能にしていたのが、三つの要因――身体や技術、メンタリティ、そして権力や理念――であった。

4. 壁抜けと留まり

ここまでは「越境」の話であるが、最後に「**壁抜け**」の話をしよう。「壁抜け」と言えば、村上春樹の『ねじまき鳥クロニクル』がすぐに思い浮かぶ。[10]
村上春樹は、「壁抜け」をこの小説の一番大事な部分であると言って、インタビューで
は次のように述べている。

堅い石の壁を抜けて、いまいる場所から別の空間に行ってしまえること、また逆にノモンハンの暴力の風さえ、その壁を抜けてこちらに吹き込んでくるということ、隔てられているように見える世界も、実は隔てられてないんだということ、それがいちばん書きたかったことです。[11]

しかし、私が述べる「**壁抜け**」は、越境とは異なる越え方を表現するために用いるのであって、村上春樹の言う想像力による「壁抜け」とはいささか異なっている。私が述べる「**壁抜け**」は、越境自体を越えた別水準の越境である。
性愛を焦点とする越境については、「手を握り合う」行為から始めて、裸体・性交・性戯へと進む越境の積み重ねとして、辿《たど》ってみた。越境には、それなりの困難とその克服が

伴っているし、「一線を越える」ことは、それなりの冒険である。しかし、「壁」は、その種の「線」とは次元を異にしていて、立体的に立ち塞がる。

　性愛の例で続けるならば、こうなる。そのつどの越境の抵抗感とは異なった、越境の試み自体を全面的に停止させてしまう禁忌が、この場合の「壁」に当たる。たとえば、不倫や近親相姦《そうかん》などに対して働く禁忌の力（慣習や道徳や法などによる不可視の堰《せ》き止め）が、「壁」である。[*12] 細かく引き直されながら越境され続ける「線」は、実は「壁」によって囲われた安全地帯の中を移動している。しかも、越境行為は、壁の向こうに越え出ることはできない。「不安定で危険な向こう側」だと思われた地点もまた、実は「壁」によって囲われた安全地帯の中で現れる「あちら」にすぎなかったのである。

　そのような「壁」は、通常の越境の試み（性愛の連続的な進展）によっては越えることができない。そもそも、「壁」はそのようにできている。むしろ、越えようとすると、禁忌の力が反作用的に強く働いて、余計に越えられなくなる。われわれの通常の性愛は、安全地帯の中にあって、越境はしても壁は越えられない。それでもなお、この「壁」は越えられている（ことがある）。だとすれば、それはどのようにして生じるのか。

「**壁抜け**」という仕方によって、である。「壁」は乗り越えられるのではなく、するっと、すり抜けられるのである。おそらく、気がついたらいつの間にか「壁」をすり抜けていたという仕方でしか、「壁」は越えられない。言い換えれば、（この点は村上春樹と似ているが）ほんとうは「壁」などないことに気づくという仕方で、いや「ない」ということにさえも気づかないうちに、気づいたら壁の「向こう側」に立っていたという仕方によってのみ、「**壁抜け**」は起こる。禁忌は、いつの間にか知らないうちに、すでに越えてしまっているという仕方によってのみ、すなわちそういう事実によってのみ、（遡行的にあとから）侵犯と見なされる。

アントニオ猪木は、この意味での「**壁抜け**」**の達人**だったのではないか。もちろん、性愛の禁忌をすり抜ける話ではない。プロレスと格闘技のあいだの「壁」も、格闘と命のやり取りのあいだの「壁」も、エンターテインメントと政治のあいだの「壁」も、夢と事業のあいだの「壁」も、アントニオ猪木はあらかじめすり抜けていた。猪木にとっては、それらの「壁」は、「乗り越える」ものではなく、元々「ない」ものであり、そのように「ない」ということすら、猪木には意識されていない。そういう仕方で、猪木はあらかじめジャンルの「壁」をすり抜けていた。

あらかじめ「壁抜け」ができてしまっているということは、壁がないことに等しく、実はどこへも越境しない（＝すべての場所に越境している）ということである。「**壁抜けしつつ留まる**」というのは、そういうことである。それは、性愛のアナロジーに戻るならば、「不倫も近親相姦も特段の禁忌ではなく、あっけらかんとすべてと性愛的に交わる」ということに類比的である。そのような「**壁抜けしつつ、どこへも越境せずに留まっている**」という在り方は、狂気的でもあるが、底抜けに明るい。アントニオ猪木は、「キラー・イノキ」と呼ばれることがあったが、その「キラー」とは、「**底抜けに明るい狂気**」の別名である。また猪木のプロレスを表現する「ストロングスタイル」とは、その「底抜けに明るい狂気」を、プロレス内行為として定着させるための「フォーマット」である。アントニオ猪木は、そのような**狂気と底抜けの明るさ**の両方を、ともにわれわれに教えてくれた稀代《きだい》のプロレスラーであった。

註

＊1　年代によって変動があるだろうが、おそらく185cm前後が実身長だったのではないか。

＊2　前腕部の特殊性は、ポパイの極端な前腕部肥大にも見て取ることができる。前腕部と上腕部の元々の筋肉量から言って、どんなトレーニングをしたとしても、ポパイのように前腕と上腕で大きさが逆転することはありえない。しかし、だからこそ、前腕部の素の大きさへの幻視が、ポパイ的な前腕肥大のイメージを生み出すとも言える。ナチュラルな大きさ・頑強さへの過剰な願望が、ポパイの不自然な前腕部の肥大を生む。

＊3　英語の文献にも"a high bridge"という表現はあるが、「ハイ」に対しては、日本語の「背《はい》」を当てることもできる。いずれにしても、背骨がアーチを描き、そのアーチが高く美しく弧を描くほど、よいブリッジになる。首を支点にするブリッジ所作には、もう一つ、"a front bridge"「前ブリッジ」もある。英語では"front－high"、日本語では「前－背」という対照表現が使われている。

＊4　拙論「レスリング行為／レスリングする身体」（『現代思想』47巻1号、青土社、二〇一九年一月号、一四〇〜一五六頁）を参照。

＊5　（卍固めはそれほどではないとしても）コブラツイストについては、その技の使い手は数え切れないほど多い。しかし、猪木のコブラツイストほどの美しさは感じられず、単なる痛め技や繋ぎ技に堕しているケースも多い。

＊6　頸動脈を絞めるということは、脳への血流を一時的に止めようとすることを意味するし、気道を塞ぐ（潰す）ということは、呼吸を阻害する（酸素の供給を一時的に止めようとする）ことを意

味する。どちらも脳へのダメージがある。関節技が、相手の「武器（四肢）」の破壊を志向するのに対して、絞め技は、相手の「司令部（脳）」の破壊を志向するという特徴の違いがある。

＊7　「首極め技」三者は、それぞれ単独に使うこともできるが、その部位の近さと同系統の極め技であることによって、複合的にも使用できるし、実際になされている。複合的に使用できるということは、たとえ三者それぞれに単独で、ルール内／ルール外の境界をあらかじめ決めておいたとしても、その複合使用の中で、「**越境（はみ出し）と回帰**」が起こりやすいことを意味している。

＊8　この観点から猪木のプロレスラーとしての歩みを検証するために、YouTube動画「アントニオ猪木の強さ・格闘技術の源流」のシリーズ①https://youtu.be/ash-kRVCYdM～⑤https://youtu.be/7WW55_Vsucsは有益である。

＊9　グレート・アントニオは、力道山時代にも来日していて、そのときの外国人レスラーのボス格であったカール・クラウザー（カール・ゴッチ）、ミスターX（ビル・ミラー）に、同様の制裁を受けている。木村光一『アントニオ猪木の証明―伝説への挑戦』（アートン、一九九八年）等を参照。

＊10　『ねじまき鳥クロニクル』第1部～第3部、新潮社、一九九四～一九九五年。

＊11　「考える人」二〇一〇年夏号、新潮社、二六頁。

＊12　不倫や近親相姦が、なぜ禁じられるのかについて、どんなに根拠を求めてみても無駄であろう。あらかじめそれを禁じる道徳や法を無根拠のまま飲み込んでいるか、どこまでも無根拠に直面するかのどちらかになる。だからこそ、どんなに禁じられようとも、起こるものは起こる。**この無根拠**

性の裏面が「壁抜け」である。禁忌や境界線は、究極的には無根拠に引かれている（ダメだからダメという無根拠にぶち当たらざるを得ない）。その無理由という真空地帯にこそ、「壁抜け」の端的な事実が生じうる。その際の「あれっ？　すり抜けている！」という感覚は、この世を抜け出るかのような快感を伴っているだろう。

URL最終閲覧日：2023年7月31日

馬場派からの猪木論

香山リカ

〔かやま・りか〕
精神科医、プライマリ・ケア医。１９６０年北海道生まれ。東京医科大卒。豊富な臨床経験を生かして、現代人の心の問題を中心にさまざまなメディアで発言を続けている。大学教員を経て、２０２２年４月から北海道・むかわ町国民健康保険穂別診療所副所長。著書に『老いてもいい、病んでもいい――「常識」を捨てたらラクになる』（新日本出版社）、『逃げたっていいじゃない』（エクスナレッジ）など多数。

プロレスは、帝国主義と資本主義の産物である。

こう言い切ってしまうと、さまざまな方面から異論が飛んできそうだ。たしかに、プロレスの起源を1830年代頃の旅芸人的な興行や19世紀はじめのイギリス「キャッチ」の興行に見ようとすれば、それじたいにことさらに帝国主義的な要素や資本主義的な要素をさがすのはむずかしいかもしれない。

しかし、いま私たちが目にしている「現代プロレス」の起源を、戦後つまり1940年代後半から50年代に見ようとすればどうだろう。つまり、アメリカでいえばゴージャス・ジョージの時代、日本では力道山の時代、そしてメキシコではエル・サントの時代などを起点としてプロレスを考えるのである。

その頃、普及が進んだテレビという新しいメディアにおいてプロレス中継はキラー・コンテンツとなり、その中でレスラーたちは個性を強調することで〝著名な存在〟となり、プロレスがビッグ・ビジネスとなっていく。この時代のプロレスを「現代プロレス（以下、

『プロレス』と表記）」とするならば、それは冒頭に述べたように「帝国主義と資本主義の産物」なのではないか。そこではたいていアメリカ、さらにはアメリカ白人が最強の存在だ。もっといえば、立派な体格や整った顔を持ち、性格は明るく強い、といったマジョリティの要素を持ったアメリカ白人男性レスラーが、有色人種や体格の劣った者、反則攻撃をする、裏切りを働くなどずるさを持ったように見えるレスラーたちを撃退したり、〝改心〟させたりする。

またプロレスは大きなお金が動くビジネスであり、トップレスラーは自らの肉体や身体的能力ひとつで高額のギャラを手にして、高級車に乗り、高そうな衣服やアクセサリーを身にまとい、豪邸に住むという〝アメリカン・ドリーム〟をかなえる存在でもあった。

そう考えれば、「帝国主義と資本主義とが結婚して生まれた優秀な子ども、それがプロレス」とも言えるかもしれない。だとすると、その中でアントニオ猪木とジャイアント馬場はどんな存在であったのか。それを解き明かす試みを行うのが本稿の目的である。

アントニオ猪木を初めて知ったとき、「なぜアントニオというリングネームなのか」と疑問を抱いた。ジャイアント馬場の場合、身長2mを超える巨軀だから「ジャイアント」と名乗っている、というのは視覚的に誰にも明らかだ。それに対して、「猪木はなぜアントニオなのか」はその来歴を知らない人にはいささかわかりにくい。

猪木について少しでも知識がある人は、「少年時代、ブラジルに長年いたからだろう。現地ではアントニオという愛称で呼ばれていたのではないか」と言うだろう。しかし、横浜市生まれの猪木寛至《かんじ》が家族とともにブラジルにわたったのは、1957（昭和32）年、14歳のときだった。そして、興行でサンパウロを訪れていた力道山から直接スカウトされ、日本プロレスに入団するため日本へ帰国したのは17歳、1960（昭和35）年のことだ。

ブラジル生活はわずか3年ほどということになる。猪木が亡くなったときウェブメディア「ブラジル日報」に載った記事から引用しよう。

日本のプロレス界有数のスターとなってからも、猪木は妹ら親族や親しい友人がいるブラジルを毎年のように訪れ、政財界の人々とも交流を持つなど、生涯を通じてブラジルと深く交わった。

アントニオ猪木がブラジルに住んだのは、わずか3年だった。それでも、彼のレスラーとして、また人間としての原点がブラジルでの少年時代にあったのは間違いない。

このことを、我々ブラジルに住む日本人は大きな誇りとしていいのではないだろうか。*1

帰国の年に「猪木寛至」の本名でデビューし、その2か月後にリングネームを「アントニオ猪木」としたのは「ブラジル帰り」を強調するためであったかどうかには諸説があるようだが、力道山は彼を「日系ブラジル人」として売り出そうとしていたともいわれる。猪木も力道山が逝去するまでは、あえて「横浜生まれ」という出自を公にはせず、「ブラジルから来た日系ブラジル人」として振る舞っていたそうだ。

この「アントニオ」というリングネームもあり、「猪木といえばブラジル」という印象は強烈に私たちの中に刷り込まれている。ところが、実際に猪木がブラジルで生活していたのは10代前半から半ばにかけての3年のことだったのだ。彼がポルトガル語を話せるかどうかについても、いくつかのプロフィールや知人の証言に「ブラジル移民なのでポルトガル語も堪能」と書かれていることもあるが、実際にその言語を流暢《りゅうちょう》に操っていたという記録は見当たらない。貧困から抜け出すために家族とともにブラジルにわたり、学業もそこそこに朝から晩まで農場で働く生活の中では、ポルトガル語をマスターする余裕などなかったと考えるのが自然であろう。

政治家になってからはキューバ、旧ソ連、パキスタン、イラン、イラク、そして北朝鮮とさまざまな国との交流を臆せず行った〝国際派〟の猪木の原点を、日本とブラジルという「ふたつの母国」を持つことに見ようとする人もいる。しかし、いくら家族は滞在を続けたとはいえ、思春期のわずか数年をそこですごしただけの猪木にとって、ブラジルは日本と並列の〝母国〟であったのだろうか。彼は「アントニオ」というそれじたい、日系ブラジル人のギミックであるリングネームをどう思っていたのだろうか。

先述したように、ジャイアント馬場のリングネームはもっとシンプルだ。「大きいからジャイアント」というその名前を本人が気に入っていたかどうかは別として、「名は体を表す」そのもののリングネームに疑問を持つ人は誰もいないだろう。また、新潟県三条市生まれでそのまま少年時代をその地ですごし、三条実業高校野球部に所属して頭角を現し、スカウトされて読売ジャイアンツに入団したが、ケガにより野球をあきらめざるをえなくなりプロレスの道へ、というストーリーもきわめてわかりやすい。

あえてこの言葉を使えば、ジャイアント馬場の歩んできた道は、戦後日本の〝正統派の日本人〟のそれと言えるだろう。「日系ブラジル人なのか日本人なのか」「ポルトガル語ができるのかできないのか」などといったアイデンティティの混乱がそこに入り込む余地はないだろう。

また、馬場は「1年で本を250冊は読む読書家」とも言われていたが、愛読書として名前が上がるのは、石川淳、柴田錬三郎、司馬遼太郎らの時代小説が主だった。また、寺山修司が『日本童謡集』(カッパ・ブックス、光文社、1972年)で紹介していたジャイアント馬場と交わしたという会話も印象的だった。「いやなことが重なると、ワシは唄をうたうんです」「何の唄？」「『砂山』ですよ」といった会話で、そのあと馬場がこう歌った、と記されていた。

海は荒海

向こうは佐渡よ
すずめ啼《な》け啼け　もう日はくれた

この「砂山」は、1999年1月31日に亡くなった馬場のお別れ会「ありがとう」の会場となった日本武道館の会場内でも流されていた。その年の4月17日のことであった。ジャイアント馬場の長年のファンだった私は弟とともに会場を訪れたが、短調の哀切感あふれるメロディーが61歳という早すぎるその死の悲しみを増幅させ、滂沱《ぼうだ》の涙が流れたのをよく覚えている。

こうして見てくると、ジャイアント馬場は生涯を通して「曇りなき日本人」のイメージを守り続けたと言えるのではないだろうか。

「日本人」というアイデンティティの揺らぎの中で生きた猪木。揺らぐことなき「日本人」というアイデンティティを守り続けた馬場。そういう構図が描けるかもしれない。

ただ、これはあくまで日本の国内で考えた場合の話である。プロレスそのものは発祥が英仏であるにせよアメリカであるにせよ、外国から渡来したものだ。また、とくに本稿で取り上げている「現代プロレス」は、日本において、敗戦国であったわが国の力道山がアメリカなどの外国人レスラーをばったばったとなぎ倒す、という展開に多くの日本人が興奮したところからスタートしたことは言うまでもない。

つまり、アメリカ帝国主義のもと敗戦により植民地化された状況の中、必死に「アメリカに与《くみ》しない日本」を演じてみせたのが、「日本の現代プロレス」の出発点であり最重要課題であったのだ。望むと望まざるとにかかわらず、日本のレスラーは、国内で自身のアイデンティティをどう守るかあるいは守らないか、という問題とともに、対外国人、とりわけ〝対白人〟という問題と向き合わなければならなかった。

こういった観点から考え始めると、先の「正統な日本人＝馬場、やや正統性に欠ける日本人＝猪木」という構図が崩れ始める。

ジャイアント馬場率いる全日本プロレスは、チャンピオン・カーニバル、サマーアクションシリーズ、世界最強タッグ決定リーグ戦など、1年のスケジュールがほぼ固定化していた。それもあり全日本プロレスは保守的だと言われてきたが、内容を見ると必ずしもそうとは言い切れないことがわかる。たとえば、1990年の世界最強タッグ決定リーグ戦の優勝決定戦は、「テリー・ゴディ、スティーブ・ウィリアムス組」と「スタン・ハンセン、ダニー・スパイビー組」とで行われ、ウイリアムスがハンセンからフォールを奪って前者が優勝している。「ジャンボ鶴田、田上明《たうえあきら》組」や「三沢光晴《みつはる》、川田利明《としあき》組」らの日本チームはそれより下位で、ジャイアント馬場がアンドレ・ザ・ジャイアントと組んだチームや、小橋建太がジョニー・エースと組んだ「日米混成チーム」はさらに下位だ。

ちなみに、翌91年も優勝は「テリー・ゴディ、スティーブ・ウィリアムス組」であり、優勝決定戦で「三沢光晴、川田利明組」を破っている。「日本人が昨年の屈辱を晴らす」といった展開にはなっていないのだ。

ここであげたのはほんの一例だが、全日本プロレスではシリーズこそ固定化されていたが、そこでは決して力道山時代の「日本人がアメリカ白人レスラーをばったばったとなぎ倒す」といったストーリーにはなっていなかった。それどころか、アメリカ人どうしが死闘の限りを尽くしたり、日本人をなぎ倒したりするという展開もめずらしくなかったのだ。

さらに興味深いのは、「日本人をなぎ倒すアメリカ白人」であるレスラーは、全日本プロレスでは必ずしも悪役として扱われなかったことだ。ハンセン、ウィリアムス、ドリー・ファンク・ジュニア、テリー・ファンク、そして〝仮面貴族〟ことミル・マスカラス、さらには悪役であったはずのアブドーラ・ザ・ブッチャーなどアメリカ人を中心とした外国人レスラーたちは、全日本プロレスでは日本人レスラーをしのぐ人気を集め続けた。

また、馬場自身も先ほど紹介した〝正統派の日本人〟とは異なる顔も持っていた。葉巻を好み、愛車はアメリカ車のキャデラック、好きなスポーツはゴルフ、毎晩のようにキャピトル東急ホテルのラウンジでハンバーガーやアップル・パンケーキを食したこともたびたび報じられた。また、休みができるとすぐに愛妻の元子夫人とハワイに出かけるなど、馬場は〝アメリカン・ウェイ・オブ・ライフ〟をこよなく愛しているようだった。

馬場は「全日本プロレス中継」を放映していた日本テレビのバックアップによる豊富な資金力と、アメリカでの強力な外国人レスラー招聘《しょうへい》ルートを持っていた。外国人レスラーの多くは全日本プロレスを〝ドル箱〟と考え、喜んでそこに参戦したがっていたようだが、次のシリーズで誰を呼ぶか誰を呼ばないか、ギャラはいくらにするかは、馬場の一存にかかっていたといわれる。

そういう意味では、馬場は決して伝統的で素朴な日本人像に収まる人物というわけではなく、かと言って白人性をただ模倣していたわけではない。ある角度から見ると「これぞ日本人」な馬場は、ある角度からは「アメリカ人的」に、さらに別の角度からは「アメリカ人さえも胸三寸で使う国際人」にも見える。

ここからどういう思想信条的背景を読み取ればいいのかは、正直言ってよくわからない。つまり、馬場は実は「日本人性」にあまりこだわっていなかったのかとか、人種・民族に関しては平等と考え多様性を重んじていて、だからこそアメリカをメインとした白人レスラーはもちろん、マスカラスのようなメキシコ人、さらにはブッチャーら有色人種も日本人レスラーと分け隔てなく起用し活躍の場を与えていたのかとか、あるいは〝日本人として〟アメリカの植民地と化することに強烈に抵抗するため、ついにはアメリカ人レスラーを顎で使うような立場に昇りつめようとしたのかとか、そのあたりの動機は杳《よう》として知れないのだ。

ただ、ひとつだけわかるのは、こういった馬場自身の態度や全日本プロレスのシステムは、決して世間的なイメージでそう言われるように「保守的」などではなく、非常に斬新であったのではないか、ということだ。

さて、翻って本書の主人公であるはずの猪木はどうだったのだろう。ある時期、全日本プロレスと新日本プロレスは外国人レスラー引き抜き合戦を繰り広げるなど、もちろん猪木がメインステージとした新日本プロレスも国際色豊かな団体であった。ただ、全日本プロレスとは違い、強烈な個性の個人として屹立《きつりつ》していた猪木は、１９７６（昭和51）年から「異種格闘技戦」という個人のシリーズでさまざまな外国人格闘家と闘い始める。ここからもわかるように、猪木は常に「日本人対外国人」という構図を頭のどこかで描いていたのではないか。

猪木の異種格闘技戦二十数試合のうち11試合の対戦相手はアメリカ国籍の選手であった。大きな話題となったモハメド・アリ戦のほかにも多くのアメリカ選手と闘い、その他、オランダのウィリエム・ルスカ戦、パキスタンのアクラム・ペールワン戦、ドイツのカール・ミルテンバーガー戦など各国の格闘家たちとの闘いが話題となった。

異種格闘技戦は、１９９７年のウィリー・ウィリアムス戦で幕を閉じる。アメリカ人空手家のウィリーは１９８０（昭和55）年にも猪木と対戦し、このときは両者ドクターストップで引き分けとなっているが、97年には４分13秒で猪木が「寝技式アバラ折り」で完全勝利を収めた。前回は引き分けだったアメリカ人との闘いに、はっきり勝負をつけて終わった猪木の異種格闘技戦。この中で唯一、敗北を喫したのは、1989年の旧ソ連の柔道家のショータ・チョチョシビリ戦であったが、それもその約1か月後には再戦で勝利している。つまり、猪木は〝世界一〟の格闘家であり、同時に日本のプロレスは〝世界最強の格闘技〟であることを実証したことになるのだ。

新潟出身の典型的な日本人と思われた馬場が、ライフスタイルやプロレス団体の運営などに関しては日本や日本人へのこだわりから解き放たれているようであり、むしろアントニオというリングネームを持ち国際的なイメージを帯びている猪木の方が、「日本人最強、日本プロレス最強」という命題にこだわり続けたナショナリストとしての側面を持っていた。ここに来て、「馬場と全日本プロレス＝保守的、猪木と新日本プロレス＝革新的」というイメージも揺らいでくるのを感じる。

さて、もともと帝国主義、植民地主義的な色彩の強いプロレスの世界でそれに抗《あらが》おうとしていたのは、ふたりのうちのどちらであったのか。また、より「日本人」であった、あるいはあろうとしたのはどちらであったのか。何かにつけて対称的な存在として語られるこのふたりを見ていると、そんなことを考えずにはいられない。

1994年に初めて北朝鮮を訪れた猪木。「私が北朝鮮でプロレスの興行を実現します[*2]」との言葉通り、1995年4月には平壌《ピョンヤン》のスタジアムに20万人近い観衆を集め、プロレス興行を行った。その後もたびたび北朝鮮を訪れた猪木は、2016年9月、帰国後の会見で「スポーツ交流、人の流れをたやさないということ。今後、政府がどう動くかだ[*3]」とその意味を語った。自分のためだけではなく、北朝鮮とのパイプを残しておくことが拉致問題の解決など日本のためにもなるはず、という信念があったのかもしれない。

ただ、その死後、「北朝鮮関係筋の一人」という人物はこう語っている。


北朝鮮は猪木に日朝関係改善の密使役を期待していたわけではない。ただ、日本の人気者で世論工作に便利だと考えただけだ。でも、猪木も訪朝するたびに記者に囲まれたし、自ら唱えた理念を実践する場も得た。猪木と北朝鮮は、お互いに相手を利用したということだろう。[*4]

もし、猪木が北朝鮮に利用されただけとしたら、それはあまりに悲しい。猪木は本当は「ブラジル帰りのアントニオ」ではなく、名実ともに日本に貢献し、日本をアメリカの植民地から解放し、北朝鮮の拉致問題解決への道すじをつける「日本の救世主の日本人」になりたかったのであろうか。

海は荒海
向こうは佐渡よ

実は型破りなところのあった馬場がこの歌を愛し続けていたことは先に触れた通りだが、ブラジル時代の猪木少年から、海のはるか向こうの祖国・日本はどう見えていたのか。力道山とともにそこに再び戻るとき、そこで自分はどう生きていきたいと思ったのか。生きているうちにきいてみたかった。

註

＊1　沢田啓明「特別寄稿＝ブラジル移民、猪木寛至の3年間＝〝燃える闘魂〟の原点ここに」、「ブラジル日報」２０２２年11月4日。

＊2〜4　牧野愛博「アントニオ猪木氏、北朝鮮を訪問し続けた理由　ぼやく姿に張成沢氏『歴史が証明する』」、「朝日新聞 GLOBE+」２０２２年10月1日（https://globe.asahi.com/article/14732580）。

ＵＲＬ最終閲覧日：２０２３年8月16日

A LONG TIME AGO……

水道橋博士

〔すいどうばしはかせ〕

芸人。1962年岡山県生まれ。ビートたけしに憧れ上京するも、進学した明治大学を4日で中退。弟子入り後、浅草フランス座での住み込みを経て、87年に玉袋筋太郎と漫才コンビ・浅草キッドを結成。90年のテレビ朝日『ザ・テレビ演芸』で10週連続勝ち抜き、92年テレビ東京『浅草橋ヤング洋品店』で人気を博す。元「れいわ新選組」参議院議員。著書に『藝人春秋』(1～3巻、文春文庫)など多数。

1943（昭和18）年2月20日――。

鶴見に生まれしひとりの男の子。姓名・猪木寛至、闘魂の火種……。

古舘伊知郎《ふるたちいちろう》の「猪木引退実況」のように将来確実に描かれるであろう「アントニオ猪木物語」は、「スター・ウォーズ」のOPロールのように十年百年千年と代々語り継がれてきた英雄神話的なストーリーとして、その偉大なる男の出生から語られるだろう。


物語の結末は2022年10月1日だった。享年79。


猪木逝去の訃報が流れたこの日、ボクは国会参議院会館にいた。

此処《ここ》に至るまでの数か月、ボクも急転直下の激動の日々が続いていた。ボクは60歳の還暦を契機に「人生の生き直し」を掲げ、急遽《きゅうきょ》一大決心で参議院議員選挙に立候補し、新たな道へ踏み出した。その頃、猪木も2019年秋から続く難病・アミロイドーシスの闘病中、ボクは選挙期間中「炎のファイター」をアレンジした応援歌を選挙カーで流し、深紅の闘魂タオルを首に纏《まと》って演説に立ち、病床の猪木にエールを送っていた。

言うまでもなく、選挙とは現代の戦であり、闘いそのものである。政治記者に戦況を聞かれるたびに「出る前に負けること考えるバカいるかよ！」と猪木語録を繰り返した。

日本列島を東奔西走、声をからし、汗だくで初夏の選挙戦を駆け抜け、そして7月10日の運命の投票日、日付を越した深夜に初当選を果たし、人生の絶頂を味わいながらも……2〜3か月が過ぎる頃、精神的な不調に陥り、鬱が再発、新天地の日々が一転した。真っ暗闇のどん底でひとり喘《あえ》いでいるところに、この訃報がもたらされた。

当然のことながら茫然《ぼうぜん》自失、かつて経験のない喪失感に浸り、マスコミからのすべての猪木追悼文コメント、文章の依頼も断っていた。

ターザン山本は「水道橋博士は猪木の人生に傾倒し、猪木を真似《まね》て国会議員になって、猪木の死の喪失感とともに鬱に陥ったわけですよオオオ!!」と相変わらずの見立てを吠《ほ》えていたが……。しかし、そのご指摘は当たらずとも遠からず。さしずめボクは初めての「国会に卍固め」されてギブアップを余儀なくされたのだろうか。まさかこんなことにな

ると は。猪木語録で言えば人生は「一寸先はハプニング」なのだ。
しかし、訃報から半年が経《た》ち、今は体調も回復してきた。遅まきながらアントニオ猪木との極私的想《おも》い出《で》話を綴《つづ》りたいと思う（文章は敬称略で書かせてもらいます）。

古今東西、英雄神話の物語は主人公の流離譚《たん》から始まるものだ。

アントニオ猪木は大家族11人兄弟の9番目、六男坊で横浜市鶴見区に生まれる。吉田茂と懇意で政治家を志していた父を5歳で亡くし、一家は経済的に追い詰められ、移民としてブラジルに将来を託すことになる。

しかし、横浜港からさんとす丸に乗船し、航海中、一家の大黒柱にして父親代わりの祖父が寄港地で買った青いバナナを食し、腸閉塞を発症し、死去。甲板で葬儀が行われ、水葬されることになる。カリブ海が夕陽《ゆうひ》に照らされるなか、日の丸の旗で包まれた棺《ひつぎ》は、クレーンで釣り上げられ水面へ降ろされると500人の乗客に見守られ、白い泡とともに深海に沈んでいく。赤道直下の水平線に汽笛が咽《むせ》び泣く。猪木は、このとき船長が遺《のこ》した「君のおじいさんは海の守り神になったんだよ」という言葉を永久に忘れられないと何度も述懐している。猪木は14歳ながら「生きなおす」航路の途中で「死」と「生」の交叉《こうさ》を目の当たりにして、運命とは切り開くものだと悟ったのだ。

猪木の自伝を読むと誰もがこの水葬シーンに息を呑《の》むし、まるで自分が体験したかのように、このエピソードが心に強烈に焼き付いている。

そして、新天地のブラジル・サントス港に降り立った寛至少年は一家揃《そろ》ってコーヒー農園に放り込まれ、前世紀のこととて考えられないような過酷な開墾事業、奴隷労働に身をやつすことになる。3年後、日本の英雄・力道山率いる日本プロレスのブラジル遠征で、陸上競技に秀でた人並み外れた体軀の日本人移民の青年として見いだされて日本に渡ることになる。

猪木のブラジル時代だけでも「映画化決定！」と思えるほど過酷で波乱万丈な物語のはじまりだ。

ボクが猪木に魅入られていくのは田舎の中学生のときだ。

倉敷から岡山の国立大学附属の進学校を受験して越境入学したものの、勉強ができないという挫折を味わい落ちこぼれていくなか、日夜、自分の人生の指標となるような引力を持つ恒星の出現を待ち望んでいた。「いつか誰か、ここから連れ出し、運命を変えてくれないか？」と心のなかで呟《つぶや》きながら。当時、ボクの人生を決定づける導師・ビートたけしの存在は、まだ影も形もなかった。

そのなかで、ボクの思春期の情操教育に影響を与えたのは、まず劇画原作者の梶原一騎《かじわらいっき》、続いて角川映画の総帥・角川春樹、そしてアントニオ猪木の順番であった（後に、ボクはこの3人を「3大キ印」と呼んでいる）。

猪木を最初に意識したのは、1974（昭和49）年のアントニオ猪木vs.ストロング小林戦だった。

世間では力道山vs.木村政彦戦以来の日本人エース対決と喧伝《けんでん》された。最初は、二人とも、揉《も》み上げを伸ばした髪型で体型もコスチュームも似通い、一対の狛犬《こまいぬ》が神前で闘っているかのようだった。緊張感漂う一進一退の攻防の末、やがて猪木の原爆固めのブリッジでマットが波打ち、3カウントが叩かれたとき、今までに経験のない興奮を覚えた。プロレスが持つ言語化できない魅力、吸引力に恐れと慄《おのの》きを感じた。

そして印象的だったのは、試合中、猪木の筋骨隆々の肉体から炎《ほむら》が立って見えたことだ。70年代の猪木の肉体美、造形的説得力は唯一無二だと思う。実際、力道山が眠る東京都大田区の池上本門寺ではこの頃、猪木がモデルになった仁王（金剛力士）像が作られ、彫像師・村田善則作の猪木ブロンズ像は量販され猪木ファン必須のフィギュアだった。試合後、ボクの部屋には白黒の猪木の巨大パネルが飾られ、人生で初めての偶像崇拝の対象として崇《あが》めた。

そして14歳。猪木の全盛時代、1976（昭和51）年の異種格闘技戦は忘れがたい。

特に6月26日、ボクシングヘビー級王者モハメド・アリ戦は全世界注目のなか衛星中継された。試合当日、我らが猪木が世界に知られる晴れがましい気持ちだったのが、試合後、一転して「世紀の茶番劇」と称され嘲笑の対象になった。

思えば、当時は猪木の黄金期にもかかわらず、世間には猪木を評価する批評言語も、観客のプロレスの見方も理論も整っていなかったのだ。

もちろん今では猪木アリ戦はあらゆる意味で格闘技史のエポックメイキングな一戦だったことは歴史が証明している。この闘いが実現することで未来のMMA（ミクスド・マーシャル・アーツ＝総合格闘技）の種が撒《ま》かれ、不評を買った「猪木アリ状態」と言われたポーズが異種格闘技戦の合理的な臨戦態勢であることを世界が理解するのも数十年後だ（個人的に14歳のときの無念さが正当に晴らされるのは柳澤健著『1976年のアントニオ猪木』〈文藝春秋〉が上梓《じょうし》される2007年だ。ボクにとっては今もオールタイムのベストノンフィクションであり、後進に「猪木を知りたければこれを読め！」とだけ言いたい！）。

昭和のプロレスファンにとって、アリ戦で傷ついた「対世間」へのルサンチマンは根深い。

ゆえに「プロレスを援護射撃したい」と思い続けていた。そのためにも活字や理論に飢えていた。まだ「ゴング」も「プロレス」も月刊誌であった時代、週刊ペースの情報を得るために、通学電車のなかで「週刊ファイト」を熟読した。当時、新日本プロレスで繰り広げられた「猪木vs.タイガー・ジェット・シン」の過激すぎる連続ドラマの舞台裏を併走し、一方的に猪木に肩入れしていたのが「週刊ファイト」であり、その編集長が井上義啓《よしひろ》、通称I《アイ》編集長であった。大阪の地で一人でほぼ全ページを執筆するという手法の紙面は〝井上文学〟の同人誌とも言うべき様相を帯び、そこに綴られた妄想と独自の美文は「井上プロレス文体」を確立していた。中・高時代、ボクはI編集長の文体模写コラムを編集部に投稿していたほど夢中になった。I編集長は2006年に亡くなられたが、その人生は猪木に魅入られ、狂わされた、元祖・猪木バカ一代だった。

1977（昭和52）年、その「週刊ファイト」に中途採用されたのがターザン山本だった。そして80年、ターザンはベースボール・マガジン社に移籍。83年「週刊プロレス」が創刊され、87年に編集長に抜擢《ばってき》されると天才編集者の才能が開花する。ターザンは「俺が猪木だ！」「猪木なら何をやってもいい！」と自己暗示に浸りきり、雑誌を私物化し、過激なアジテーション溢《あふ》れる誌面で、驚異的な売り上げ部数を誇るとともに、自身も出版界に狂い咲きした。まさに活字プロレスの誕生だった。この「俺が猪木だ！」という狂信的な思い入れこそ、井上編集長が若き日のターザンに刷り込んだ遺伝子であった。

そのターザンが編集長の座を追われ、東京都葛飾《かつしか》区の立石《たていし》で浪人暮らしを始めると、ボクたちから急接近した。「ターザン山本芸人化計画」と題し、共に本を作り、共にお笑いの舞台に立ち、共にラジオやテレビのレギュラーをつとめるようになる。やがて、企画はエスカレートして、時にはターザンを舞台で全裸にせしめ、時にはFMWのリングの上にレスラーとして送り込んだ。そして1999年4月12日、往年の猪木vs.シンの抗争を再現させるためターザンがボクたちを新宿伊勢丹《いせたん》前で襲う血だらけの路上襲撃事件は、我々の体内に流れる猪木史を再現し、体現するために決行した蛮行だった。

さて、「ファイト」が専門誌であるなら、一般層にまでプロレスのサブカル要素、演劇的批評の文脈を吹き込むのは、1980（昭和55）年に出版された村松友視《ともみ》の『私、プロレスの味方です』（情報センター出版局）であった。81年はタイガーマスクの登場とともに古舘実況の煽《あお》りで視聴率も急上昇を記録し、力道山以来の第二次プロレスブームに火がついた。そんな時代に生まれたのが、この本であり、副題が「金曜午後八時の論理」なのだから、当然、書かれているのは猪木論であり新日本プロレス論である。当時、中央公論社の編集者であり、後に直木賞作家となる村松友視のデビュー作でもあった。この一冊が力道山時代から続く「プロレス八百長論」なる世間の冷ややかな見方、プロレス蔑視を吹き飛ばした。村松流に言えば「プロレスは不真面目にも真面目にも観るものじゃなくクソ真面目に観るもの」であり、「プロレス者《もの》にとって、プロレスとは勝ち負けではなく強さを競い合う」「他に比類なきジャンル」であり「過激すぎる」猪木の下に「凄玉《すごだま》」のレスラーが揃った団体こそが新日本プロレスであった。ファンにとっては後にプロレスを語る専門用語（ターム）となる言葉が羅列された、対世間用の理論武装の書だった。

その村松友視とボクが初遭遇するのは高3のときだ。サマー・ファイト・シリーズ最終戦の後、ボクの地元、倉敷で追撃戦が急遽組まれた。この本の出版から約2か月後の1980年7月25日のことである。会場の倉敷市営体育館は水島地区にあり辺鄙《へんぴ》な場所にあった。その日のメインが猪木&長州《ちょうしゅう》組vs.バッド・ニュース・アレン&シン組。なぜこんな水島くんだりまで村松友視はやってきたのか？　まだ顔も肩書もほとんど知られていない頃だが、会場の隅にそのダンディーな中年男性の姿を見つけると、ボクは声をかけて仲間と一緒に写真を撮ってもらった。突如、少年ファンに囲まれ、ご本人も「よく、わかったねぇ！」と照れていた。今も、この写真を見るたびに、よくぞ村松友視と認識できたものだと我ながら感心するのである。

その後、村松友視は1982（昭和57）年に『ファイター――評伝アントニオ猪木』（情報センター出版局）という一冊を著した。この本のなかの、「イノキ前夜」と題されたプロローグで、猪木以前に存在し、村松友視をして「過激すぎる存在」として意識させた「竹中労《ろう》体験」が語られている。当時はすでに晩年ではあったが、反骨のルポライター・竹中労の若き日の言動がいかに過激であったかを書き連ね、猪木こそが竹中労に代わる本物の「過激すぎる一騎当千の盗賊」と見立てているのだ。この村松友視の思考の流れがボクの躰《からだ》を通り過ぎている。なぜなら、この本で知ることになった竹中労は10代のボクをしてルポライターの道を夢見させ、そして芸人になってからも、まるで原点回帰のようにボクに本業の芸人稼業の傍らで、業のような本業、つまり文章を書かせるモチベーションを与えた張本人である。

この当時、村松友視は「プロレスを蔑視する世間と対決する……このことの意味はあきらかだ。プロレスを蔑視する世間に対し、ではおまえは何を神聖視し重視しているのかという問いを逆照射することにこそ、これだけ蔑視・軽視されつづけたジャンルの真骨頂がある」と書いていたが、それこそが猪木イズムの真髄だった。この本以降、何度この議論を重ねたことか。ちなみにボクが最も首肯した猪木イズム論は、格闘探偵団バトラーツ時代の石川雄規《ゆうき》が語った「ロマンをとことん追求すると。そして、それを否定する奴《やつ》らをとことん追いかけていく、これは『猪木イズム』ですよ。猪木イズムというのは、例えば自分が天国にいて、憎いヤツが地獄にいるとしたら、わざわざ天国を捨てて地獄にブン殴りに行く！　そういうエネルギーですよ!!」（「紙のプロレスRADICAL」1998年、No.12）。

これには痺《しび》れた。嗚呼《ああ》、どれだけこの言葉に影響され、数々のしくじりを重ねてきたことか！

そして、村松友視の『プロレスの味方』の出現に強く影響を受けたのが、先述のターザン山本編集長であった。創刊されたばかりの「週刊プロレス」の陰の編集ブレーンとして村松と接触し、陰に日向《ひなた》に頻繁に対談し、誌面を村松色に染め、読者をオルグしていった。

そして「言葉で猪木を援護射撃した」ことで言えば、古舘伊知郎の名前も外せない。80年代の新日本プロレスブームの一翼は古舘実況のブームであったことだろう。

瞬速のコピーライターと言うべき言語感覚で日本語の異種交配、比喩のミルフィーユを連呼し、視聴者の心をつかんだ。一言で言えば、プロレスをポップなテレビコンテンツに変えた立役者だ。そして古舘もまた、猪木を実況するうちに猪木磁場に人生を狂わされ、テレビ朝日も退社。フリーとなりやがて芸能界の大立者となる道を踏み出すことになる。

ボクは10代の頃は「いつかルポライターになって猪木にインタビューしてみたい」と思っていた。やがて19歳で漫才ブームとともにお笑いの導師ビートたけしが現れ、芸人に目覚め、たけし軍団へ入りたい、その一心で明治大学に入学した。

東京へ出てきても授業には通わず、他大学のプロレス研究会に籍を置き、プロレスや映画の現場にチョロチョロと顔を出していたが、4年のモラトリアムを経て、23歳でたけし軍団に弟子入りした。

そして、猪木との最初の接点はＴＰＧ（たけしプロレス軍団）だった。たけし軍団に入門して2年後。今も猪木史でもたけし史でも黒歴史だ。なぜか、当時、たけし軍団の末端構成員、ＴＰＧの団体当事者として浅草キッドも関わり合うことになった。１９８７（昭和62）年末の両国国技館のリングで大観衆に罵声を浴びる殿（たけし）、さらに、その後の大ブーイングに晒《さら》される猪木、軍団の挑発行為の不始末から大暴動に発展する様子を目の当たりにしてリングサイドで身震いしていた。ボクが引力に導かれた二つの最も大きな恒星がぶつかり、砕け散るようなあまりにも悲劇的な一寸先のハプニングだった。

その後も数々のプロレス生観戦を繰り返したが、ファンとしては、猪木遺伝子を秘めつつも原点新日、UWF信者、UWFインター、RINGS経由、フジテレビの格闘技番組SRS（スペシャルリングサイド）司会者としてPRIDE至上主義者へと変遷していく。

40代を迎えた猪木本人は参議院議員に当選し、リングから遠ざかり、イラク人質解放、北朝鮮遠征などの大トピックスを挟みつつ1998年4月4日に引退――。

この引退式で猪木が詠んだ「道」の詩、特に最後の節、「迷わず行けよ！　行けばわかるさ！」は、どれほど多くの人の運命を切り開いているか枚挙にいとまがない。

我々は引退記念本として出版された、『アントニオ猪木自伝』（新潮文庫、2000年）を書店で目につく限り、買《か》い漁《あさ》り、ホテルに泊まるたび、引き出しのなかの聖書とすり替えるという急進的な布教活動をおこなった。

プロレス引退後、猪木はPRIDE・プロデューサー業に請われ日本マット界の象徴として存在感は増した。もはや格闘技という神殿の司祭そのものだった。大観衆の「イ〜ノキ！」コールとともに教祖が降臨、信者に「元気ですかッ!!」と問いかけると、毎回、謎掛けを唱えるだけで客席は大受け。最後は「1・2・3、ダァー!!」と全員唱和する一連の儀式。そのありがたさや、満足度、興奮度は選手時代を超えていた。

ボクは2000年代、「PRIDEの怪人」と呼ばれた作家・百瀬博教《ももせひろみち》氏と親交を深め、評伝を書く準備をしていた。そして百瀬×猪木の蜜月時代にはふたりのプライベートの酒席に何度も同席することになる。ホテルオークラでの密会、また猪木夫人が経営していた六本木のバーでの一夜、一緒にカラオケを歌ったこともあった。

いつもなら、ルポライター精神で質問攻めにするボクだが、猪木を目の前にすると、14歳の頃に舞い戻り、夢見心地でロクに自分から話もできなかった。

ボクの猪木信者としての最大のサプライズを経験したのは2002年8月28日、国立競技場「Dynamite!」のイベントだ。この日、今も記録が破られていない格闘技史上未曽有の9万人の観客が集まり、大会の目玉のアトラクションが、地上3000メートル上空からスカイダイビングで猪木が降ってくるという趣向であった。前半終了後、ざわつく会場にヘリコプターのローターの回転音が響き渡り、照明が落ちると猪木コールの大合唱が湧き上がるなかに猪木が空から降臨。パラシュートが大きく旋回して急降下、グランドにランディングすると小走りでリングイン。そしてマイクを手に取り、第一声が「馬鹿野郎ォ！」さらに「俺は怒ってるぞー！」と。リングでの挨拶が済むと、放送席へ向かう。そのとき柵内の最前列に座っていたボクとすれ違う。一瞬、目が合った瞬間、なんの予告もなく、バチ――ンンン！！！　猪木がボクの頬に突如、落雷のような闘魂ビンタを放ったのだ。ボクは「オゥウアアウ！」と悲鳴を上げて崩れ落ち、しばし失神した。

猪木信者としては全国各地で繰り広げられた数々の猪木ビンタのなかでも、とりわけ霊験あらたかな教祖のシャクティパットではある。他に類のない闘魂遺伝子が注入された瞬間に違いない。それでもなぜ、あそこで、あのタイミングで観客9万分の1の確率でボクに容赦のないビンタをしたのだろうか？

さまざまなスポーツヒーローがいるなかで、ボクは猪木の突出した異色性は、飽くなき事業欲とその底抜けさだと思う。猪木は一レスラーのみならず興行会社のボス、言わば興行師＝ヤマ師であったが、それだけにとどまらず「永久機関」を夢見て現代の錬金術師になろうという野望を抱いていた。

猪木は、70年代からブラジルでリサイクル事業に投資を始め、後には数十億円を超える、取り返しのつかないような負債を背負うこととなる。

ブラジルはサトウキビの世界一の生産国であり、サトウキビを搾って砂糖とアルコールを作るが、その大量の搾りカス（バガス）の廃棄場所に苦慮していた。しかし、日本人発明家がバイオ技術を使って、搾りカスを牛のエサ（有機飼料）にすることを思いつく。そしてそのエサで大きく育てた牛のフン（有機肥料）を再びサトウキビに与え、サトウキビがより大きく生育、牛も増産していくという夢の円環サイクル構造を作り、それが一種の永久機関となり富を生み出すというのが「アントン・ハイセル」の仕組みだ。

猪木は、ブラジルに広大な牧場を買い取り、牛を買い集め、工場を作り、大事業を立ち上げたが、バイオ技術が思惑通りに機能せず、そのうえブラジルは80年代からハイパーインフレに襲われレアル紙幣は紙くずと化した。70年代から80年代の新日本全盛期、猪木のファイトマネーだけでなく、黒字続きだった新日本の興行会社の収益もすべてブラジルで溶けていった。その後、改良に改良を重ねて、なんとか牛の出荷までこぎ着けたが、インフレに追い詰められたブラジル政府が、物価の凍結令と食肉の強制出荷令を発令し、猪木の牧場の牛は、軍隊によって1頭残らず持って行かれてしまう。そこで猪木の資金も潰《つい》えた。

しかし、猪木がこれに懲りることはなかった。その後も、この手の事業に手を出しては何度も失敗を重ねた。

「サンゴ礁に微量な電流を流し、成長を促進するサンゴ礁再生プログラム」「あらゆるゴミを失《な》くす水プラズマの焼却炉プロジェクト」「カリブ海に眠る海賊船の秘宝の発掘」「微量な磁力で永久に動くエネルギーを生み出す永久電池の発明」などなど……。

もちろん、今も鋭意開発継続中のものもあるのだが。

ちなみに永久電池では開発成功の記者会見まで開いている。2002年3月。ホテルオークラで公開された永久電池の名称は「Inoki Natural power-VI」。会見冒頭「エネルギーの常識にないことが起こりました！」と猪木が挨拶して、いざ起動スイッチを押したが機械は静止したまま。ざわつく報道陣。関係者が慌ただしく機械の内部を点検すると、磁石装置の止め金が外れていた！　という大失態。常識にないのは、止め金とともにタガが外れている猪木の頭の方だったというオチがついた。

これらの事業欲のため、猪木は現役時代、常に借金の取り立てに追われた。猪木の自伝を読んで驚くのは、あの東京ドームでの引退興行ですら「猪木個人の新日本プロレスからの借金完済」興行だったことだ。

猪木はこれまでの借金苦のため「自殺」を何度も考えたと著書で触れている。

人に迷惑をかけず、かつ猪木らしい死に方は何か？　と考え、「ライオンと闘って死ぬ」、あるいは「海で沖に向かって力尽きるまで泳ぐ」方法を思いついたという。

それを思うと病気の進行と心身衰弱の最後の瞬間までカメラ取材を許し続けたことは、猪木らしいデスロードだったのだ。


2021年6月26日、この日、ボクが主催する『阿佐ヶ谷ヤング洋品店』というライブで「猪木アリ戦45周年」を企画した。ゲストはターザン山本×村松友視のはずだったが、村松友視がコロナの予防ワクチン接種のため欠席、急遽、代役が古舘伊知郎に決まった。

阿佐ヶ谷の小さなライブハウスに、あの古舘さんが来てくださるだけで異例のことだ。

このライブでは、本人が担当することのなかった猪木アリ戦の実況、そして猪木vs.難病アミロイドーシス、そして70年代の猪木のファイトを蘇《よみがえ》らせた「実況講談・アントニオ猪木」を披露した。

その後、ボクと古舘さんとの親交が復活し、何度も番組で猪木をめぐる話を交わした。

村松友視とは後日、ボクのYouTubeチャンネルでも対談。17歳のときから実に40年ぶりにお会いするのだから感無量だった。聞けば、長らく途絶えていた猪木vs.村松の懇談会も復活されていた。

村松友視80代、古舘伊知郎60代、ターザン山本70代、そして、ボクが今はもう60代だ。それぞれに若き日からアントニオ猪木の引力に惹《ひ》きつけられ、そして猪木磁場に狂わされ続けてきた人生だ。


紙数が尽きた。時間の流れを遡行し、過去に想いを沈めた。

今回、猪木を仰ぎ見た10代のときから無秩序に無作為に猪木をめぐる想い出の渦を整理しないまま書き出してみた。

ボクは戦争のない時代、平和であった昭和の中盤に、日本で生を享《う》けただけでも幸運だと思っている。しかし、アントニオ猪木は、そんな時代にも裸一貫、世界を駆け巡り、死ぬ間際まで闘い、人前で身を晒し命を燃やし続けた。

たとえ自分がどんなにくだらない後悔だらけの人生を送ってしまったと顧みても、アントニオ猪木と同じ時代に生きたことを思えば無上の歓《よろこ》びだ。

あらゆる深刻な事態を「どうってことねぇですよ！」と笑い飛ばす、猪木の持っていた底抜けの明るいデタラメさ、無限のハッタリ、それらが井上編集長の言う「底が丸見えの底なし沼」というプロレスの幻影、その輪郭を広げ、深めていたのだろう。

猪木はスターとして煌々《こうこう》たる軌跡を描き、多くのファンに仰がれながら入滅した。

猪木が長く追い求めてきた永久機関は見果てぬ夢であったが、猪木の人生は、ファンに対しエネルギーを与え続ける不滅の永久機関に結実したのだ。


ボクが罹患《りかん》した鬱病は希死念慮が隣り合わせだ。そんなボクの病床にも猪木の言霊《ことだま》が何度も響いた。

「元気ですかッ!!　花が咲こうと咲くまいと生きていることが花なんだ!!

道はどんなに険しくとも笑いながら歩こうぜ!!」

猪木ファンの同胞よ!!　カリブ海の水平線を思い浮かべて想い起こそう。

「猪木は我々の生きていくことの守り神になったんだよ！」

MAY THE INOKI BE WITH YOU !!

存在無意識に生きたプロレスラー

ターザン山本

〔たーざん・やまもと〕

元「週刊プロレス」編集長。本名・山本隆司。１９４６年山口県岩国市生まれ。立命館大学中退後、新大阪新聞社に入社。「週刊ファイト」記者となる。80年、ベースボール・マガジン社に入社。87年より「週刊プロレス」編集長として活躍、同誌を20万部まで押し上げた。96年、新日本プロレスからの取材拒否による部数急落を機にベースボール・マガジン社を退社。著書多数。「77歳、生きがいは喫茶店トークです」

アントニオ猪木は死んだ。人間の世界に例外は存在しないことをあらためて思い知らされた瞬間である。あるプロレスファンは、その時点で拒食症におちいり体重が1カ月で17kgも落ちた。ウツも発症。

これは本当の話なのだ。そこまではいかなくても猪木ロスを味わったファンは多い。あれからすでに年が明け桜の花が咲き、近年にない猛暑に突入。猪木が亡くなったのは令和4年10月1日だった。

これから先、A・猪木はどんどん忘れ去られていく。それはもう間違いない事実である。昭和歌謡界の女王、美空《みそら》ひばりが忘れ去られたようにだ。

もはや猪木はどこにもいない。存在しない。試合会場などで見聞きしてきたあの勇姿は二度と見ることはできないのだ。猪木不在の時間を我々はどうして生きていけばいいのか？　今、まさしくそれが試されている。

「猪木について考えることがプロレスである」。この命題に沿ってもう一度、原点に戻る。

つまり「猪木とは何か?」である。

それを言うなら猪木と出会ってしまったことで人生を狂わされてしまった。猪木より面白いことが他にあるとは想像できなくなってしまったのだ。猪木病という不治の病だ。

忘れられていく猪木という視点に立ったとき、欠かすことのできないことが二つある。一つは横浜港の大さん橋であり、もう一つは蔵前国技館だ。大さん橋は1957(昭和32)年、猪木、14歳のとき、猪木家がブラジルで一旗、上げるためさんとす丸で地球の裏側にある南米に向かって出港していったところだ。そのこと自体、猪木家がいかに山師の素質があったかという証拠である。11人兄弟で下から3番目だった猪木にその山師的性格が誰よりも強く受け継がれていた。

実際、猪木自身が「詐欺ほど面白いものはない」と語っていた。サプライズ、裏切り、一寸先は闇、ハプニング。猪木の常識は世間の非常識を地で行ってしまう世界だ。

日本、日本列島を離れたとき、そこで猪木少年が目にしたのは見渡す限り海、海、海。水平線しかない。最近、ひとり娘の寛子《ひろこ》さんが「パパは海が大好きだったのよ」と告白している。

ジャイアント馬場は猪木より5歳上。新潟県三条市出身。内陸育ち、憧れの海を見ることなく育った。それもあってかハワイにマンションを買い、夕方になると浜辺に出て夕陽に映える波を見るのが趣味だった。

油絵をひとり楽しんでいた馬場。描いた絵はみんなその波だった。猪木と馬場に共通するものが海だったとは。海は時間があるようでない。絶対的ゼロ時間。それは虚無と永遠のことである。人間が死すべき存在と考えたとき、よりそのことは鮮明になってくる。猪木的虚無と永遠。馬場的虚無と永遠。

さんとす丸が太平洋を航海中、猪木があこがれ尊敬していた祖父が亡くなった。祖父が水葬されていくシーンを猪木は見ている。その祖父は孫の猪木少年に「男は世界で一番になれ」と言った。「たとえ乞食《こじき》になっても世界一の乞食ならそれでいいじゃないか」と。

このとき、猪木の中で〝世界一〟という三文字が呪いになった。どんなときでも猪木は世界を意識してしまう。それと関係あるかどうか猪木は世界中を渡り歩いてきた。アフリカ、キューバ、北朝鮮、パキスタン、イラク、ソ連(現ロシア)、パラオ、ブラジル、ドイツ、中国、アメリカ、カナダ、メキシコ。

世界という言葉が持っている響きに猪木は呪縛されていく。世界の食料危機を救うためのアントン・ハイセル。エネルギー問題を解決するための永久電機。ゴミ問題をクリアする水プラズマといった具合にだ。

祖父の死は虚無感と同時に生きていることの貴重さ、大切さ、死んだら終わりだということをメッセージしている。それがあったから「どうってことねえや!」という発言につながっていくのだ。

猪木の自意識。その底辺の部分には死が付きまとっていた。そのことは馬場にも言えた。晩年、馬場は「歳《とし》だけは取りたくないよな」とつぶやいていたし、死の影を内面に背負っていた。

猪木もまた70を過ぎると「俺にもお迎えが来ているんだよ」が口ぐせだった。大木金太郎、上田馬之助、マサ斎藤、ラッシャー木村、山本小鉄、星野勘太郎は猪木より先に天国へ旅立っている。

仮にの話だが猪木家がブラジルに移民しなかったら、猪木は中学、高校では恵まれた体格を武器になんらかのスポーツをやっていたはずだ。大学に進んでいたら東京オリンピックが開催された1964（昭和39）年、猪木は大学の4回生ということになる。卒業すれば社会に出て就職していた。それは猪木にとってつまらない人生だ。運命に振りまわされてこそ猪木である。

結果的にというかあるいは幸か不幸か、猪木にとっては、プロレスに取ってかわる人生はなかったといえる。馬場は高校時代、野球部で投手をやり、将来はプロ野球の選手になることが夢だった。それも天下の読売ジャイアンツ。巨人に入団というでっかい夢をかなえた。

そこで決定的挫折をした先に予想もしていなかったプロレスとの出会いがあった。馬場は幸運を二度、つかんだ人間である。まさしく強運の人。一方、猪木は1960（昭和35）年、17歳のとき、力道山がブラジルに遠征。そこでの力道山との遭遇が猪木にとっては日本に帰れるワンチャンスだった。自分から売り込んだのだ。そう考えている。

馬場は他力型幸運、猪木は自力型幸運。ここでも二人の違いが出ている。日本とブラジルは気の遠くなるような距離だ。そのことで猪木は巨大なコンパスを手に入れた。世界を認識し続ける尺度のことである。こうして猪木はブーメランのように日本の地を再び踏むことになる。

日本には船ではなく飛行機で帰国。羽田《はねだ》空港に着陸して機内から外に出たとき、猪木が見たのは力道山を出迎えていた山のようなカメラマンだった。新聞記者だった。そのことで猪木はマスコミ、メディアの存在を知ることになる。猪木が力道山から学んだ最大のことがこれだ。

戦後の日本社会で娯楽、エンタメの王様になったのはテレビだった。そのテレビのコンテンツの一つとしてプロレスは絶大な地位を築いていた。すべては力道山のメディア戦略によってである。

吸血鬼フレッド・ブラッシー、魔王ザ・デストロイヤーの売り出し方はアイデア、センスとも超一流。その点でも力道山は不世出のレスラーだ。ブラッシーの流血マッチではショック死事件を起こしている。あるいは密林男グレート・アントニオにはバスを引かせるというパフォーマンスをやらせた。

面白いことに猪木はマスコミ好きになっていった。メディアから注目されたい願望。それは猪木の生きがいになっていく。ほとんどメディア中毒症だ。

ところで力道山は1963（昭和38）年、あっけなく亡くなってしまう。猪木、20歳だった。祖父と力道山。この二人の死によって猪木は虚無と永遠というテーマから逃げられなくなった。死という座標軸とその真逆にある生の座標軸。もちろん生きている限り思い切り生の座標軸を駆けめぐるしかない。

猪木はレスラーを引退したあと「1、2、3、ダァー！」と「元気ですかあ？」のパフォーマンスをやり続けたが、あれは「生きていますか？」なのだ。「元気があればなんでもできる」も「生きていればなんでもできる」である。

「道」という詩に対する猪木の強い思い入れ。どこでもそれをそらんじることができた。「迷わず行けよ。行けばわかるさ」も道の先には確実に死がある。死があるから迷ったり悩んだりしているヒマはない。猪木はそれが言いたかったのだ。おそらく自分自身に対してもだ。

力道山の死後、日本プロレスは馬場をエース、スターにして再び繁栄を築いていった。猪木は馬場の二番手。馬場の黄金時代だから仕方がない。主役ではなかったことで猪木は醒《さ》めた目でその現実を見ることができた。

力道山が死んだからこうなってしまった。誰もみんな力道山のことを忘れてしまっている。すでにいなかったことになっている。希代の英雄もそうなってしまうという非情さ。むなしさ。

1966（昭和41）年、猪木、23歳。日本プロレスを飛び出して東京プロレスを旗揚げした。あの巨大組織、一強プロレス団体の日プロに反旗をひるがえしたのだ。やることが早過ぎた。機は熟していない。でもそれをやってしまうのが猪木なのだ。もろくもというか悲惨というかあっけなく崩壊。無理、無謀であることははじめからわかっていたが、じゃあ、なぜ、猪木は東京プロレスをぶちあげたかである。力道山のことを忘れてしまっている人たちが、そのことで我が世の春を謳歌《おうか》していることに対する反発心だ。業界的には猪木は日プロを裏切ったことになるが、猪木的には自分の方に正義があると信じていた。

馬場は向こう側の人だ。向こう側の人は向こう側で生きればいい。俺はこちら側で生きる。それが猪木の主張となっていく。第一、どう転んでも猪木は馬場にはなれない。いや、ならない。馬場になったら猪木は猪木ではない。

プロレス的には馬場は王道、猪木は覇道という言われ方をしてきた。向こう側とこちら側という考え方だ。その意味では猪木が猪木になるためには馬場はなくてはならない存在だったといえる。この関係性は猪木にとって必要なことだった。

東京プロレスが無惨な結果に終わったあと猪木は日プロに復帰する。普通、日本の社会は後足で砂かけて出て行った人間を受け入れることはしない。それは日プロの首脳陣が馬場時代に限界が見えていたからだ。これからは馬場ではなく猪木に投資しようという読みと方向転換を見すえた話だ。

そうはいっても圧倒的地位にいた馬場を無視することはできない。このジレンマの中で猪木は再び日プロを飛び出していく。1972（昭和47）年、28歳のときである。晴れて新日本プロレスを設立、旗揚げした。日プロのフロントはこの時点で何の展望もなく内部的にも腐敗していた。そのことは馬場も猪木と同じ気持ち、考えだった。

だから猪木と馬場が組んで二人で新団体を作るという手もあった。だが猪木はそれをしなかった。馬場とはたもとを分かつことが猪木のゆるぎない信念。馬場もそれをわかっていたから1972年、秋、猪木に遅れる形で日プロを出て全日本プロレスを旗揚げする。

猪木と馬場の対立時代はここからスタートしていく。これは猪木の側からの計画的仕掛けである。そこで持ち出してきたのが馬場プロレス＝ショーマンシップ。猪木プロレス＝ストロングスタイルという概念だ。ストロングスタイルには実体があるようでない。ないようである。ある種、言霊の世界。

日本人はストロングスタイルという言葉に弱い。外国ではショーほど素敵なものはないという思想がある。日本人はショーを八百長と同一視する。エンターテインメントに対する認識の差だ。この結果、日本のプロレスファンはストロングスタイルをショーマンシップより上位概念ととらえてしまった。

日本だけの特殊事情である。世界各国のプロレスにはストロングスタイルという考え方はない。日本だけだ。こうして猪木、新日本プロレスは馬場プロレス、全日本プロレスを相対化することに成功する。猪木は確信犯だ。日本人の民族的性格を読み切って反則技を出したようなもの。馬場はそのことに対してあえて反論しなかった。大人だったのだ。

打倒、馬場。打倒、全日本プロレスという点では猪木と新日本プロレスのフロントは共犯者だ。だがここから両者の間に微妙な食い違いが生じてくる。旗揚げした当初、新日本プロレスは外国人レスラーにスターが皆無。テレビ局がスポンサーに付いていないから放映権という収入もない。経営的、経済的には苦戦が続いた。

それを救ったのが1973（昭和48）年、坂口征二の入団である。坂口は馬場ではなく問題児の猪木を選択。これもまた不思議な話だ。坂口の加入によって新日本プロレスにNET（現テレビ朝日）がバックに付いた。ここからである。猪木と新日本プロレスが大攻勢に出てくるのは。1974（昭和49）年には早くも猪木対ストロング小林の日本人大物対決を実現させた。

小林も坂口同様に馬場ではなく猪木を選んだ。大木金太郎も日本人対決、第二弾として猪木と激突する。坂口、小林、大木は馬場ではなく猪木なのだ。猪木の引き立て役になってしまうのがわかっていてもだ。ここでも馬場と猪木の違いがくっきりと出ている。

1976（昭和51）年には柔道王、オランダのウィリエム・ルスカとの異種格闘技戦をぶちあげた。これもまた馬場プロレスとの差別化である。異種格闘技戦の流れはボクシングヘビー級の現役チャンピオン、モハメド・アリとの世紀の大一番まで実現させてしまう。ここで初めて猪木は力道山を超えた。

アリ戦はマスコミ的には茶番劇と酷評。ボロカスに叩かれたが、逆の見方をすると猪木はメディアに勝ったともいえる。羽田空港に降り立ったときの風景をアリ戦で自分のものにしてしまっていたからだ。猪木の非常識が世間、世の中の常識、馬場の常識と激突していった時代である。猪木を前面に押し出していった新日本プロレスはプロレス界の話題を独占していく。ここから新日本プロレスはマーケット的にもシェアを拡大していった。

それを可能にしたのが道場、宣伝部、営業部の最強トリオだ。山本小鉄が道場で優秀な新人を育て、その教育係に徹した。新間寿《しんまひさし》は宣伝部として腕をふるい次々とユニークなアイデアを提供。大塚直樹は地方興行を充実させるための力量を営業部としていかんなく発揮した。

さて、そこで問題は猪木だ。会社と猪木は相似形だとしても同心円ではない。猪木はその認識のもとにリングに上がっていた。ジョニー・パワーズからNWFのベルトを奪った。小林、大木との日本人対決。ルスカ、アリとの異種格闘技戦。そのすべては会社からやらされたことなのだ。本人が自分から発想してやったことではない。

猪木以外の誰かが考えたことだ。それが猪木に最もふさわしいと思ったのだ。猪木はそれに対してNOと言ったことはない。全面的に受けて立った。ビジネス的な賭け、勝負、成功をめざす新日本プロレス。それに便乗していくマスコミ。

猪木はそうした一連の思惑に沿いながら自分ひとりの世界に入っていった。リングの中で試合をする自分のことは誰にも伝わらないという思いだ。そのことが猪木にとって唯一の根拠になっていく。こう思わないと「俺はただ商売するために利用されているだけの存在だ」となってしまう。

社長でありながらファイターとしての立場を優先。ファイター、猪木は新日本プロレスという団体からどんどん孤立していった。この孤立感、孤独感しか猪木は愛さなくなっていく。そうなると会社のことはどうでもよくなっていくのだ。猪木といえども組織からすると駒の一つでしかない。それこそ比類なき駒である。

駒にも一寸の魂。猪木は無意識の人である。無意識の天才だ。猪木は自分で自分のことがわかっていない。外見上、表面上は会社の路線に従っている。不平、不満は一切言わないで、与えられたメニューをやり切ってしまう人だ。

そのことで自分にしかわからない秘密の世界を作っていく。その快感をおぼえてしまう。これこそが最大の裏切りだ。裏切りとは自己を完全に孤立化させていく衝動のことである。

自意識を聖域化していく作業、方向性のことだ。その根っこにあるのが何回も言ってきたが虚無、無＝永遠である。

　新日本プロレスが団体として怪物化していくことに猪木はひとり距離を置いていた。それもまた猪木の無意識。1983（昭和58）年6月2日、IWGP優勝決定戦。ハルク・ホーガンとの試合は蔵前国技館だった。猪木はエプロンに上がってきたとき、ホーガンのアックスボンバーをモロに食って失神。あの有名な舌出し事件だ。

　あれは猪木の中でたまっていた無意識のイライラが大爆発した大スキャンダル。IWGPは新日本プロレスがライフワークとして理想としてきたことの集大成だった。それ自体をこともあろうに新日本プロレスの創業者が根こそぎぶち壊してしまったのだ。

　あのとき、1972年に旗揚げした新日本プロレスは終わっていたのだ。猪木は終わらせたかったのだ。舌出し事件のあと8月になるとタイガーマスクがテレビ朝日と新日本プロレスに契約解除を通告。さらに26日には猪木、坂口、新間が渡米中、クーデターが発生。猪木は社長、坂口は副社長を追われ新間は謹慎処分。もし猪木がすんなりIWGPに優勝していたらそれは起こっていなかった。

すべては猪木の無意識のひとり相撲、自作自演がもたらしたものだ。翌1984（昭和59）年4月、UWFが旗揚げ。同8月2日には蔵前国技館でのプロレス最後の興行がおこなわれメインのラストマッチは猪木、長州戦。長州はその1カ月後、新日本プロレスを離脱しジャパンプロレスに加わった。

猪木はIWGPを呪われたものにした。本来ならIWGPは2年に1回、4年に1回、開催されればベストなものになっていた。猪木のせいで単なるチャンピオンベルトになってしまった。猪木は罪な人だ。

UWFが旗揚げしたとき、前田日明《あきら》は猪木から「俺もあとから行くからお前が先に行っとけ！」と言われた。当然、前田はその言葉を信じた。旗揚げ戦は1984年4月11日、大宮スケートセンター。ここに猪木は来ると思っていた人もいたが、猪木は会場には現れなかった。あそこは行くべきだった。そして前田を中心に新時代のプロレス、格闘技を展開していく絶好の機会でもあった。フジテレビが付くならPRIDEをそこで先取りしていた可能性は高い。

しかし猪木にその情熱と執念はなかった。UWFの出現によって猪木と新日本プロレスは保守化し業界の第一人者から転落。1987（昭和62）年11月19日、後楽園ホール。前田は長州の顔面を襲撃。前田は新日本プロレスを追放された。リングで起こったことはプロレスであり前田は何も悪くない。その前田を弁護しなかった猪木はもう猪木ではなかった。

その1カ月後の12月27日、両国国技館。TPG軍団。その刺客はビッグバン・ベイダー。しかし暴動となった。猪木はやることなすことが裏目に出た。1989年7月24日、猪木は参院選に当選。日本初のプロレスラー国会議員となった。猪木、46歳。

毎月、1回、第三金曜日。あるスナックでプロレスビデオ鑑賞会をやって来た。5年以上も続いている。見る試合はすべてアントニオ猪木が中心。今、見ても色あせていない。新しい気付きや発見がいっぱいある。

リングに上がると猪木は無意識のセンサーが働くようだ。ワーク、仕事、エンタメには見えない、それ以外の何かだ。Mなのか？　Sなのか？　それともMでもなくSでもない何かなのか？　控室からリングに向かうのは花道と言われている。だが猪木にとって、そこが他のレスラーとの決定的な違いであり、謎でもある。花道は死出の道なのか？　再び問う。猪木という無意識。そこにしか答えはない。横浜港の大さん橋、蔵前国技館。そこにはたして猪木はいるのだろうか？　いないのだろうか？　猪木の聖域はこの二つだ。猪木は死を前にして「自分は人生で本当にやりたかったことは何だったのだろうか？」と言ったそうだ。やはり猪木は存在無意識だ。虚無と永遠だ。

猪木さん、あなたはプロレスによって、プロレスラーになって人生を錬金術してみせた人ですよ。1、2、3、ダァー！

1000万人に届く言葉を求めた人

松原隆一郎

〔まつばら・りゅういちろう〕
社会経済学者、放送大学教授。１９５６年神戸市生まれ。東京大学工学部都市工学科卒、同大学院経済学研究科博士課程単位取得退学。東京大学大学院総合文化研究科教授を経て現職。著書に『日本経済論──「国際競争力」という幻想』（ＮＨＫ出版新書）、『経済思想入門』（ちくま学芸文庫）、『ケインズとハイエク──貨幣と市場への問い』（講談社現代新書）、『頼介伝──無名の起業家が生きた知られざる日本現代史』（苦楽堂）、共著に『書庫を建てる──１万冊の本を収める狭小住宅プロジェクト』（新潮社）など多数。

アントニオ猪木といえば今も思い出す光景がある。

1980年代後半、下北沢のスズナリ横丁に「ステップルハウス」というバーがあった。初めて訪れた夕刻。怪しいドアを押して入店すると、マスターがすかさず「いらっしゃい、で、どの試合?」と声をかけてくる。まだ立ったまま、飲みものも注文していない。

私が「えーと、長州を藤原が襲撃して、藤波が裸で雪の中に飛び出して……」とモゴモゴ言っていると、「はーい、藤波・長州、1984・2・3札幌中島体育センター!」とカセットを取り出し、映像を流し始めた。ビデオは、2000本はあるという。「で、ご注文は?」と、次にやっと飲食の話へ。映像といえばプロレス、プロレスといえば新日。それが初めての客にもお決まりという店だったのだ。

今ならネットなりで店特有の作法を知ることができるが、私がなぜこのとき即応できたのかは記憶に定かでない。録画映像を店で流して鑑賞という形態は、当時でも無理筋だったかもしれない。アングラというかサブカルの熱気が充満した店であった。あれはいったたい何だったのだろう。

後にマスターは亡くなり、私も葬儀では火葬場まで同伴した。火葬炉に棺が入っていく際、「マスター、俺はこれからも猪木を見続けるぞー」と何人かがうめく声が聞こえた。


アイドルなりスターなりマスコミの人気者に対してファンが「信者」を名乗ることがあるが、猪木がその走りではなかったかと思う。けれども「信者」が「猪木」で形容されると、独特の意味合いになる。サブカルチャー愛好家として些事《さじ》まで熟知する「おたく」が近い言葉かもしれないが、「猪木信者」はニュアンスが相当に異なる。猪木は「教祖」として何かの託宣で信者を縛ったのではない。私も何かを信じたわけではない。「観客であってもリングで起きた出来事について自由に語ってよい」と、語る権利をファンにも与えた人、と私には思えていた。

猪木以前、たとえば馬場のプロレスについても、「ボボ・ブラジルの頭突きはきついよなぁ」とか「花を食べてどんな味なのか」と喋《しゃべ》りたくなることはあっただろう。「フリッツ・フォン・エリックのアイアン・クローは凄い血が出るな」といった具合に。けれどもたとえば猪木が仕組んだ場面では、そんな風にテレビ画面上の映像について感想を語りたくなったのではない。「藤原が長州を襲撃したことにいったいどんな意味があったのか」と、映像の背景にある「謎」の解明を、猪木から託された気持ちにさせられたのだ。観客も試合の仕組みや成り行きについて解釈を語った。

藤原喜明《よしあき》は一介の前座であり、単独の勝ち試合がテレビで放映されたことはなかった。「ヒラレスラーがメインイベントをぶっ壊す気持ちってどれほどのものなのか」と、人生の前座である我が身に置き換えて自由に想像し、語る。そのような権利が与えられたかに感じた。そして夜な夜なバーで猪木自身の試合や、猪木が生み出した興行の謎を語る人々が現れていった。

村松友視さんの『私、プロレスの味方です』（情報センター出版局、1980年）はその成果として、一介のプロレスファンがプロレスを自由に語り、解釈を書物にまで仕立てた嚆《こう》矢《し》となった。また夢枕獏《ばく》さんは猪木への追悼文において、「何をテーマに書くにしろ、小説、物語を紡ぐというのは、結局のところ、このファンタジーに奉仕する行為である」[*1]と語っている。猪木について書くことは、ファンタジーたりうるのだ。そのように、誰にもどのようにでも「語る権利」を与えたのがアントニオ猪木であった。

猪木は観客が予想した「プロレス」を、根底から崩した。そのせいで観客は「何を見たのか」を語らざるをえなくなる。たとえば１９８１（昭和56）年、佐山聡《さとる》はそれまでは漫画の主人公でしかなかったタイガーマスクに扮《ふん》し、蔵前国技館でデビューした。しかも漫画以上のそれまでにはない身のこなし。観客は陶然として一晩で人気をさらった。それでいて、２年後に突然引退してしまう。

１９８２（昭和57）年には、それまでは負け役でスタン・ハンセンのラリアートに吹っ飛んでいた長州力《りき》が、突如スター選手の藤波辰巳《たつみ》（現・辰爾《たつみ》）に因縁をつける。その際のセリフが「俺は噛《か》ませ犬じゃない」だった。自分の実人生を投影して共感した視聴者が全国にいたはずだ。

それから藤波・長州は何度も激突を繰り広げた。私は蔵前のリングで二人の対戦を目撃しているが、両者がロープから場外に飛び出すスピードが速すぎて、眼《め》がついていかなかった。それくらい最盛期の二人は躍動的で力感に溢れていた。83年、長州はついに藤波のベルトを奪取。「オレの人生にも一度ぐらいこんなことがあってもいいだろう」と語った。

このひと言もファンの胸に刺さった。猪木だけでなく、弟子たちも言語表現力が高かった。学校では習わないが、心に響く言葉である。

この二人は当時の権威あるプロレス団体で頂点と認定された王座を争ったわけではない。つまりアメリカの格付けからすれば東洋の島国の、どうでもよい選手たちである。そうした試合が観客を沸かせるなど、それまでに起きたことのない事態だった。猪木は何をやったのか。

日本プロレスから永久追放された猪木は1972（昭和47）年、新日本プロレスを設立している。同年、馬場も全日本プロレスを設立した。当時、世界最大・最高峰のプロレス団体とされていたのはNWAであった。新日本と全日本は同じ年に団体を設立し、ともにNWAに加盟していた。ところが馬場の全日本プロレスだけが日本にNWAチャンピオンを招聘し、タイトルマッチを実施できる契約になっていた。全日本プロレスだけが独占的に認定王座戦を開催できたのだ。

旗揚げ戦で猪木はカール・ゴッチにフォール負けしている。エースが負けてのスタートなどありえない。けれどもその意外さはむしろ好感を呼んだ。試合後、「うちでは道場で強いヤツだけがメーン・イベンターになれる」と猪木は語った。道場で強くない奴がメーン・イベンターを務めている団体がある、と言外に主張したのだ。私たちはそれまで、NWAを頂点とするタイトルの山脈でいずれかを取った選手が「強い」と定義されると思いこんでいた。しかし猪木はそれを否定、タイトルにかかわりなく道場での強さを競うプロレスがありうると言ったのだ。「ストロングスタイル」である。これには驚いた。タイトル以外に「強さ」の基準がある。猪木はそう主張したのだ。

当時、猪木がブッキング（契約）できる外国人レスラーは、ゴッチから紹介された、アメリカでは主流とは言いがたいレスラーたちだった。ジョニー・パワーズら不器用でスター性を持ち合わせていない選手たちである。彼らと対戦した猪木は、相手が5の力を持っているなら受けてやり、7か8まで引き出して、それから倒すというやり方を取った（のちに猪木はそれを「風車の理論」と呼んだ）。

スターはアメリカの団体からいただくものではない、作り上げるものだ。そういう信念を猪木は持ち始める。これに応えたのがタイガー・ジェット・シンだった。シンはもともとオーソドックスな選手だったといい、猪木と闘うたびに凶暴な悪役への道を切り開いていく。『猪木寛至自伝』（新潮社、1998年）によれば、「私にとってジェット・シンはいいセックスが出来る相手のようなものだった。闘うほどにテンションが上がり、快感が増して行くような感じで……私も燃えた」。

よく考えれば、この二つは関係がない。一方はタイトルマッチにたどり着けなくとも道場には強い奴がいる、という話。他方は著名でなくとも猪木とならスゴい試合をする選手がいる、という話。別々の話なのだが、大手であるNWAは面白くない試合をするというイメージが残った。猪木は言葉でファンを縛っていった。

また新日本プロレスはIWGP構想を1980（昭和55）年に発表する。世界各地でシリーズを転戦、それぞれの王者が参加して最強を決めるという世界歴戦構想だ。これにはワクワクしたが、よく考えればもともとNWAには地域王者がいるのだから、そのトーナメントでNWA王者が決まるというだけである。実現しなかったが、猪木がぶち上げた構想は、NWAがそうしたトーナメント戦を開催しないコネの館だという印象を残した。

プロレスをプロレス界の序列だけで語ってはならない。もっと別のところに強さはあるのだ、そう猪木は言った。相撲で言えば、横綱ではなく序二段にもっと強い奴がいるといったことだ。それが嘘《うそ》だと証明したいなら、序列抜きで誰とでも闘えばよいではないか、そう猪木は挑発した。

「強さ」は業界のコネが決めるのではない、と猪木は言う。それならば観客も、自分を仮託するなり夢を羽ばたかせるなり想像力を拡《ひろ》げ語ってよいはずだ。そのようなプロレスを猪木は繰り広げ、実際にタイガー・ジェット・シンはエスカレートしていった。それに感応した小説家は観客席でファンタジーを紡ぎ出し、観客の妄想を受けてレスラーは化けた。リングのレスラーと客席の観客にコール・アンド・レスポンスが生まれ、うねりが生まれた。

「馬場だって観客とはコール・アンド・レスポンスしたぞ」と反論が返ってきそうだ。大きな身体《からだ》でゆったり動き、十六文キック。観客が期待したように馬場は動き、期待は成就した。そのような演者と観客の関係はモダンジャズに似ている。聴衆の期待に応えるアドリブをジャズマンが演じると、聴衆はカタルシスを得る。それがスイング感だ。

それはその通りだが、このスイング感は決まり事から生まれている。聴衆は一定のリズムやコード進行から次の音を期待する。音楽のルールが共有され、聴衆の期待から外れずに美しく楽しくリズミカルな音が繰り出されれば、聴衆はスイングする。馬場のプロレスは観客の期待を集め、期待通りに満足させるものであった。

ところが猪木は違った。不器用でスター性のないレスラーたちから潜在能力を引き出し、自分とともに高みに達するのである。タイトルも持たず無名のレスラーが、突如リングで化けるのだ。観客の期待通りを演じるのではない。期待していなかった潜在力を披露し、テンションと快感が観客に降り注いだ。シンだけではない。弟子たちの試合もそうだった。藤波はニューヨークのマジソンスクウェア・ガーデンで、ロープ外へと誰も見たことのない「ドラゴン・ロケット」（トペ）を放った。数年来、出ると負けだった長州は、藤波に嚙みついて、ファンの心を摑《つか》んだ。当然、1984（昭和59）年の藤波・長州のリターン・マッチには、それ以上を求め期待が高まる。

ところがここから思わぬ迷走が始まった。期待を下回ったのではない。予想外過ぎる試合が乱発されたのだ。私は2月3日札幌大会のテレビを凝視していたが、中継が始まると同時に異様な光景が目に飛び込んできた。「大変なことになりました！」と古舘アナは絶叫した。前座選手だった藤原喜明が花道で待ち伏せ、バール状の凶器で長州の額を乱打、血まみれにしたのだ。リングで待ち構える藤波は流血した長州に襲いかかり、長州側のアニマル浜口や谷津《やつ》嘉章《よしあき》らも乱闘に加わる。審判部長であった山本小鉄が事態収拾のためにリングに上がると、藤波は山本にも二度ボディスラムをかます。もう何が何やらさっぱり分からない大混乱となった。

　雪の降る会場を出て藤波が裸のままで歩くシーンを、私は「週刊ファイト」の写真で見たと思う。藤波の言葉は「こんな会社では試合したくない」だったらしい。藤波はなぜか襲撃した藤原を責めず、「会社」に不信感を露《あらわ》にした。ファンが期待を膨らませるだけ膨らませた試合をぶち壊しにした藤原の「テロ」が、藤原自身の意思で行われたのではないことが示唆された。「会社」の意向とは猪木イズムである。「強さ」について常に新しい表現で納得させてくれた猪木が、何を表現したいのか観客には分からなくなっていった。そうした夜、フラストレーションの溜《た》まった観客はプロレス・バーに集まり、店主の解釈に耳を傾けるしかなくなる。

　タイトルマッチや大会をぶちこわしにすることも辞さない「猪木イズム」は、コード進行もリズムも既定通りではないフリージャズを思わせた。コード進行とリズムが聴衆に共有されないままだと、聴衆は取り残されてしまう。モダンジャズの最高峰と期待されたジョン・コルトレーンの１９６６（昭和41）年の日本公演は、コルトレーンの演奏スタイルが来日直前にフリージャズに突入しており、聴衆は取り残され、ツアー終盤には空席が目立ったとされる。１９８４年雪の札幌以降に猪木がかかわったプロレス興行もそんな状態だった。

１９８４年の第２回ＩＷＧＰ優勝決定戦もそうだ。猪木は第１回覇者ハルク・ホーガンと激突、両者リングアウトの延長戦を二度重ねる。そこでなぜか長州が乱入、無理矢理に猪木の勝ちと裁定された。しかし観客が座布団や飲料をリングに投げ込み暴徒化。蔵前国技館には警官が出動する騒ぎとなった。

１９８７（昭和62）年。大阪城ホール大会では「海賊男」なるホッケーマスクの怪人が乱入、猪木と闘っているマサ斎藤に手錠をかけ、自分と繋いだ。マサ斎藤が反則負けになったために観客が椅子やゴミをリングに投入。警察と機動隊が出動した。スイング感の欠落と言って済むような問題ではない。新日の大会には殺伐とした雰囲気が漂っていた。

最悪だったのは同年末両国国技館での「たけしプロレス軍団」（ＴＰＧ）である。初登場のビッグバン・ベイダーに箔《はく》を付けたかったのだろう。事前には猪木vs.長州の試合があることになっていたのに、ビートたけしがリングインして長州を下げさせ、ベイダーvs.猪木の対決を迫った。猪木vs.長州戦を求めた観客はブーイング。ゴミが投げ入れられ、異様な展開に騒然とした観客がシートに放火する事態となった。予想を超えようとして信頼を裏切り、挙げ句に大コケ。それが猪木イズムの流れとなっていった。

実はふた月前の87年10月2日、猪木は倍賞美津子と離婚している。『猪木寛至自伝』には「マスコミは私たち夫婦の離婚は時間の問題だと断定していた。すべての状況は悪くなる一方だった。私は自殺しようと思った」とある。離婚届を出した2日後、猪木は無観客の巌流島《がんりゆうじま》でマサ斎藤と決闘している。ルールも観客もなく、何をしようとしたのかも判然としない。挙げ句がたけし頼みだったのだから、1987年の猪木には死の影が漂っていた。

今は知られているように、直接にはブラジルでのアントン・ハイセル事業の失敗で負った何十億円もの借金が重圧となっていた。けれどもその根底には、猪木の格闘技観の行き詰まりがあったと思われる。

猪木が入門した1960（昭和35）年よりも6年前、真剣勝負ならば自分が強いとマスコミで公言しながらプロレスでの対戦をもちかけた柔道の木村政彦を、力道山は拳で乱打しKOしている。その力道山について猪木は「喧嘩《けんか》は本当に強かったと断言できる。リング下で見ていて、怒ったときの力道山は、相手を殺してしまうのではないかと心配させるような雰囲気があった」と評価する。それでいてMMA（Mixed Martial Arts＝総合格闘技）に対しては「選手たちが勝負にかける執念は認めるが、あれではメジャーになり得ない」（ともに『自伝』）と冷淡極まりない。「強さ」の演出と喧嘩と格闘技の三択で、猪木は格闘技のみを認めなかった。

ところが演出した興行が立て続けに観客の暴動を招いた1980年代末、「プロ格闘技」がメジャー化へ向け胎動していた。ひとつが立ち技のK－1。空手、キック、カンフー、シュートボクシング、ボクシング等が、ヘビー級を中心に3分3ラウンド、グローブありのルールで交流を始めていた。その流れは1993年に世界中のキック系王者を集めるトーナメント戦として開花した。看板を賭けて王者同士が闘う。2000年には幻想の大きかった極真の歴代最強戦士であるフランシスコ・フィリォがKOされている。これこそI

WGP構想ではないか。2003年以降、経営母体が移行するが、魔裟斗《まさと》を発掘してミドル級も活発化した。

ふたつめは、そもそもは猪木の異種格闘技戦に触発された佐山聡が1983（昭和58）年に突然マスクを脱いで引退し、プロレスを「ケーフェイ（fake の逆）」と告発して始めた総合格闘技（SHOOTING）である。これは興行的には苦戦したが、ブラジルで根付いていたバーリ・トゥードがアルティメット・ファイティング・チャンピオンシップ（UFC）に呼び名を変え、アメリカで1993年にトーナメント戦を開催した。ここから総合格闘技に火が付き、日本でもPRIDE等へビー級の闘いは、大晦日《おおみそか》夜に地上波テレビ放送を独占するほどの勢力を誇るに至った。

これらの興行には共通点がある。猪木のプロレスのうち、「相手の技を受ける」部分を「真剣勝負ではない」として否定したのである。格闘技は、相手の技を「受けない」ためにガードを重視する。その一方、空手系諸団体やレスリング、柔道、柔術等の各流派は「どれが強いか」についての看板を賭け、打撃はK-1、組みも含めるとMMAで、「道場での強さ」を満天下に示していった。猪木が否定した格闘技こそが、序列を打ち破り、

「道場の強さ」と「メジャーであること」の双方を叶《かな》えてみせたのだ。K－1とMMAの台頭のもと、猪木イズムは時代の波に取り残されたかに見えた。暴動の辛《つら》い時期を経て、私の中でも猪木は遠ざかっていった。

猪木はいったいどこで目測を誤ったのだろうか。猪木には、お茶の間のテレビ視聴者には、演出抜きの格闘技はぜったい伝わりっこないという確信があったと思われる。プロレスの旧NWAとは違うとしても、格闘技にはやはり序列、ランキングがある。強さは厳格なランキングで示され、素人は口を挟む余地もない。殴り合い蹴り合い絞め合いは、一般人にはほとんど無縁の世界である。地上波テレビで放映されるには、視聴率10％で1000万人の視聴が必要になる。1000万人を振り向かせるには、1000万人に通じる演出と言葉が不可欠だ、そう猪木は信じていたと思われる。

不思議なことにプロレスを引退してから、猪木の言葉は息を吹き返した。「元気ですか！　元気があればなんでもできる」。いったい何を言っているのだろう。そして「人生のホームレス」。闘いから解放されてからの猪木の言語センスは、目覚ましい域に達した。1000万人に届く言葉である。猪木にとって重要なのは、闘いではなく多くに伝わる言葉であった。

そして現在。キック界半世紀の総決算のようにして那須川《なすかわ》天心が47戦無敗のままボクシングに転向した。創世記のライオン野口から1世紀になろうとする日本ボクシング界は、最高傑作である井上尚弥《なおや》が世界4団体の統一王者となった。立ち技プロ格闘技界は、選手育成では着実に成果を上げている。ところが2022年、彼らの重要な試合は揃って地上波テレビから姿を消した。放映されなかったのだ。スポンサーのCMでプロ興行を賄うという方法の終わりが始まっている。

高額すぎる報酬が噂《うわさ》された村田諒太《りょうた》vs.ゲンナジー・ゴロフキン戦、井上尚弥vs.ノニト・ドネア第2戦、そして天心vs.武尊《たける》戦は、いずれもオンライン中継で放映された。

格闘技にはオンラインが向いている。細かい技巧はオンラインなら専門家が解説してくれる。今や格闘技の大会が終わるたびに専門家が解説動画を発表している。それは技術を語り、強さを説明する言葉である。20世紀の日本人にはなしえなかった、身体運動として極致に達した格闘技。しかしそれはせいぜい100万人単位でしか視聴されない。解説動画ならば10万か。お茶の間には開かれていない、マニアックで閉じた言葉である。

対照的なのは猪木だ。引退試合でも猪木はこう言った。

この道を行けば
どうなるものか
危ぶむなかれ
危ぶめば道はなし
踏み出せば
その一足が道となり
その一足が道となる
迷わず行けよ
行けばわかるさ

これはいったい何なのか。どうして闘いの引退に際してこんな言葉を語る必要があるのか。清沢《きよざわ》哲夫『無常断章』（法蔵館、1966年）にほぼ同じ詩が出ている。これを一休禅師の詩と猪木が紹介したのは誤りだったらしい。重要な局面で間違う大ざっぱさも猪木ではあるが、この詩を多くの観客の心に残したのも猪木である。死の淵《ふち》にあって、ガリガリにやせてもカメラのレンズが向くと「元気ですか！」とやっていた。どう見ても元気ではなさそうなのに、この不条理。

猪木は1000万人に通じる言葉を求めた人だったのだ。村上春樹の『ノルウェイの森』がなんとか到達した読者数である。100万部でもベストセラー。まして10万人にしか通じない格闘技には、どれほど素晴らしい闘いを見せても猪木は関心を持たなかった。言葉を人々の心に残して逝ったプロレスラー。まさに不世出である。

註

＊1 「アントニオ猪木は日本3大偉人の一人である　夢枕獏さん追悼寄稿」、「朝日新聞デジタル」2022年10月8日（https://www.asahi.com/articles/ASQB752RLQB7UCVL022.html）。

URLの最終閲覧日：2023年8月16日

アントニオ猪木　あれやこれやの語《こと》

夢枕　獏

〔ゆめまくら・ばく〕

1951年神奈川県生まれ。77年作家デビュー。「魔獣狩り」「キマイラ」「餓狼伝」「闇狩り師」「陰陽師」シリーズなどの作者。89年『上弦の月を喰べる獅子』で日本SF大賞、98年『神々の山嶺』で柴田錬三郎賞受賞。2011年『大江戸釣客伝』で泉鏡花文学賞、舟橋聖一文学賞、12年に吉川英治文学賞を受賞。17年に菊池寛賞、日本ミステリー文学大賞受賞。18年、紫綬褒章受章。

1

この四月に、青森県の蔦《つた》温泉に宿泊してきた。橅《ぶな》の新緑の間に残雪の残る、よく晴れた日に、宿に入った。

蔦温泉と言えば、千年の古い歴史を持つ温泉で、毎年冬になると、現在積もった雪の量は二メートル、三メートルなどと、近くの酸ヶ湯《すかゆ》温泉と並んで、よくニュースになる場所である。毎年ゴールデンウイーク直前に、渓流竿《けいりゅうざお》とタナゴ竿を持って、青森から八甲田、奥入瀬《おいらせ》、十和田湖、秋田、岩手とときままな釣り旅をしていて、蔦温泉はそのコースに入っているのである。いつもであれば、トイレを利用してリンゴジュースを買い込んで、奥入瀬まで下ってゆくのだが、今年は宿泊することにしたのである。

もちろん、これは、昨年（二〇二二年）の一〇月一日に亡くなったアントニオ猪木を偲《しの》ぶためだ。

猪木と猪木よりも先に世を去った奥様のおふたりは、この蔦温泉が好きで、何度となく泊まりに来ていたというのは、ファンの多くの知るところだ。

亡くなる数ヵ月前にも、猪木はここに宿泊しているはずだ。

チェックイン、チェックアウトや食事のおりに、ほろほろと猪木の話を従業員の方としたのだが、皆さん猪木のことが大好きで、話をすると皆がみな、笑顔となるのである。

館内の至るところに猪木のサインや本が置かれていて、さながら小さな猪木記念館といったおもむきもある。何しろ猪木がこの温泉のアピールをしているお宝映像まであるのである。

宿泊する部屋に、猪木本が置かれているのは言うまでもない。

「お、『人生の HomeLess』があるじゃないか——」

猪木が、表紙でホームレスの姿をしている写真が目にとび込んできて、思わず声に出してしまうということもあったのである。

なんともなつかしい。

泊まった部屋は、三階の「鶴寛《かくかん》の間」である。

「おお、これは猪木とジャンボ鶴田ですね。猪木ファンで鶴田ファンの方が、関係者にいるんですね」

寒いギャグを放ったのだが、関東からやってきたこのおかしな客の言葉を、部屋まで案内してくれた方は、にこにこと笑って温かく受けとめてくださったのである。

狩人《かりうど》に射られた鶴がこの湯で復活したという逸話からの名だが、猪木ファンとしては、鶴は、猪木の奥様である田鶴子《たづこ》さんの鶴で、寛は猪木寛至の寛であるというのを正解としたい。

ふたりが、生前、死んだら一緒に入るつもりで、この地にお墓を作ったのだが、残念ながら、諸々の事情によって、現在このお墓に入っているのは、田鶴子さんだけである。

猪木ファンで、まだこの温泉に宿泊したことがない方は、ぜひ、東北旅行のおりには蔦温泉に足をのばされることをおすすめしたい。

言うまでもないことだが、この宿の猪木度は、猪木ファンでないお客様が、わずらわしさを感ずるほどのものではなく、何よりも温泉としての風格、たたずまいがよろしいのである。

というわけで、以下に思い出した猪木のことを、順不同で書いてゆくことになる。

ぼくは、猪木とは何度か会ったことがあり、対談をしたり、テレビに一緒に出たり、食事をしたりということが、この生涯の中で複数回あっただけで、知人や友人という関係ではない。

あくまでも、猪木ファンとしての立場から知るところや思うところをつらつらと書いてゆきたい。他の方が書いているような話や、活字や映像で知られているようなことは、なるべく避けて、個人的なことを書いてゆく。その中には、すでにぼく自身が、別のところで原稿にしたり、語ったりしたことも含まれるが、それについては、どうぞごかんべんいただきたい。

2

ぼくは、二〇代なかばで作家デビューをした。最初の本は、集英社から出していただいた『ねこひきのオルオラネ』である。昭和五十四（一九七九）年、つまり、デビュー二年後の二十八歳の時だ。

この本のあとがきにぼくは次のように書いている。


山の話が出たついでに、プロレスの話でもしておこうか。とうとつだけれど、プロレスという格闘技においてさえ、一流クラスの試合ともなると、何年かに一度、まれにはものすごいものが表現される。肉体と肉体とがぎりぎりの状態でぶつかりあうことによっても、美とか、時代とか、思想とかを表現しうるのである。モハメッド・アリを見るがいい。

覚えている方がいらっしゃるかどうか。

昭和50年12月11日、蔵前国技館でアントニオ猪木とビル・ロビンソンの試合が行われた。この試合を評して、ルー・テーズが、

「なんとファンタジックな試合だろう」

と語った。

たかがプロレスと言わないでいただきたい。ぼくも、あの試合を見て、まぎれもな

いファンタジイに酔わされてしまったのだから。

その感動というのが、日本画家の竹内栖鳳《せいほう》の「班猫《はんびょう》」をはじめて目にした時の感動とそっくりだった。

この「班猫」というのは、大きな画面の中央で、一匹の猫が後ろをふり返っているというだけの絵なのだが、ぼくはひと目見てぞくっとした。リアルに、たんねんにしあげられた猫のみどり色の目の妖《あや》しさといったらなかった。

先の試合にしろ、この絵にしろ、写実《リアル》をつきつめた果てに、ふわっと幻想空間があらわれるのだということをぼくに教えてくれた。

もし、現代に、現代のファンタジイが生まれるとすれば、そういう方法によってだとぼくは思う。

それを書くのはぼくである。

なんとデビューの当初から、作家としてのぼくの内部には猪木の存在があったのである。

リアルな肉体がプロレスにファンタジイを生じさせることができるのであり、小説におけるファンタジイも、リアルな文章によって生みおとされるものだと、この時ぼくは確信したのである。

この時期、ぼくは次のように宣言した。

それは、

「いつでもどこでもどんな出版社の注文でも受ける」

というもので、これを十五年間ほど続けた。

もとネタは、もちろん猪木の、

「いつ何時誰の挑戦でも受ける」

である。

この頃、ぼくらの仲間うちでは、ちょっとしたおしゃれとして、

「プロレスが大好きです」

「少女マンガを読んでいます」

というものがあった。

ぼくもそうだったが、プロレスではアントニオ猪木、少女マンガでは萩尾望都《はぎおもと》をかなり

本気で偏愛していたのである。

　ぼくの山岳小説『神々の山嶺《いただき》』（集英社）は、この時（『ねこひきのオルオラネ』の時）すでに脳内にあって、あとがきのプロレスと猪木についての文章を、おもしろいと言ってほめてくれた全日本プロレス好きの編集者がその担当となった。

『ねこひきのオルオラネ』が出版された年に出会い、プロレス話をし、そこで『神々――』の構想を話して、

「うちでそれを書いてよ」

　という話になった。

「まだ、山の取材がすんでいない」

　という理由で、書くのを延ばし続け、結局本になったのは、一九九七年になってしまった。十八年待たせてしまったことになる。

　この十八年間、待たせているのがもうしわけなくて、彼とは五～六冊の本を出したと思うのだが、そのほとんどが『仰天・プロレス和歌集』、『仰天・平成元年の空手チョップ』、『仕事師たちの哀歌《エレジー》』等のプロレスネタの本であった。

もうひとつ、昭和六十（一九八五）年から今年まで三十八年間いまだに書き続けている『餓狼伝《がろうでん》』という格闘小説がぼくにはあるのだが、この連載を始めることになったのも、プロレスと猪木の御縁があったからである。

その出版社で、新しい雑誌を出すことになって、そこでY編集者から、何かおもしろい企画はありませんか、と声をかけられて、

「猪木のリングシューズを原寸大で載せましょう」

と提案したら、それが通ってしまった。

ぼくがけっこう熱をこめてプロレスと猪木の話をしたものだから、Yさんがそれをおもしろがってくれたのだ。週刊誌の大きさで見開き二ページのカラー写真である。今だったら考えられぬことだ。

これが御縁となり、『餓狼伝』の連載が始まって、今もそれが続いている。

Yさんとは、一時『餓狼伝』を休んで、『東天の獅子《しし》』四巻を書いてしまったこともあり、後にも先にも『餓狼伝』を休んだのは、ガンの治療をしていた一年間と、その時の三年間だけである。

ぼくの仕事のかなりの部分で、猪木に助けられてきたことになる。

3

これは別の場所でも書いたことなのだが、おもしろいエピソードなので、あらためて書いておきたい。

ぼくは、人が、お坊さん以外の人に向かって手を合わせて拝むのを、生涯で一度だけ見たことがある。

場所は、京都の嵐山だ。

雑誌の対談で、アントニオ猪木と京都で会った。まずは京都っぽい写真を撮ろうということで、最初に向かったのが嵐山だ。

ぼくと猪木さんが、道を並んで歩く。それを正面の遠くにいるカメラマンが望遠レンズで撮るのである。歩いてゆくと、横を、むこうからやってきた修学旅行のバスが、何台も通り過ぎてゆく。そのバスの中から、猪木コールが聞こえてくるのである。

ふたりで歩いていたら、遠くの方から、猪木コールが聞こえ、それがだんだん近づいてくる。何ごとかと思ったら、それが中学の修学旅行生の乗ったバスだった。

プロレス会場でいつも耳にするアレ、

「イノキ！」

「イノキ！」

という歓声がバスと共に近づいてきて、ドップラー効果をともなって大きくなり、小さくなってゆく。窓が開けられているので、その声がよく聞こえる。たぶん四台くらいであったか。おそらく最初のバスの生徒たちの誰かが猪木を見つけ、猪木コールを始めて、それが後続のバスに伝わったのだと思う。

その歓声に応えて、猪木さんが片手をあげて、悠々とその太い腕をふる。

なんともよい風景だった。

いったん立ち止まっていた我々はまた歩き出したのだが、前方からひとりの和服姿のおばあちゃんが歩いてきた。

下を向いて歩いているので、我々に気づかない。

我々は、気づいて足を止めたのだが、おばあちゃんはそのまま歩いてきて、猪木さんにぶつかる寸前で足を止めた。

壁のような肉体に前方をふさがれ、立ち止まって顔をあげたおばあちゃんが、一瞬かたまった。

まず、その身体《からだ》の大きさに驚き、その身体の持ち主である猪木さんの顔にさらにびっくり。

〝あっ、この人知ってる〟

そう思ったことであろう。

口を開けはしたけど、声が出てこない。半分パニックになっているのがわかる。

そこで、突然、このおばあちゃんは、猪木さんに向かって手を合わせ、深ぶかと頭を下げて、礼拝したのである。

おそらく、このおばあちゃんは、アントニオ猪木とジャイアント馬場——自分が対面しているのが、そのどちらであるかわからなかったに違いない。

しかし、これも、猪木のいるよい風景であった。

4

この時の食事は、すっぽん料理だった。

「ぼくの知っている店へ行きましょう」

と猪木さんがいうので、車で向かったその先は、看板も何もない、大きなお屋敷のようなところであった。

「ここですよ」

と猪木さんが先に門をくぐった時、一緒にいた編集者の顔から血の気がひき、彼がぼくにすりよってきて、

「獏さん、現金どれだけありますか」

囁《ささや》いてきたのである。

編集者は、それなりの場数を踏んでいるので、入ったとたんに、この店の支払いはカードは使えず、現金のみということがわかったのである。当然ここの支払いは、出版社もち

で、いくら高くてもカードがあればなんとかなるのだが、カードが使えず現金のみということになると、卍固めも、延髄斬りも、コブラツイストもジャーマン・スープレックスも封じられた状態で、ブレーキの壊れたダンプカー、スタン・ハンセンに勝てと言われているようなものなのである。

編集者の顔が青ざめた理由は、すぐにぼくにもわかったので、ありったけの現金を彼に渡したのは言うまでもない。

何しろ編集者が、その日の対談者二名のうちの一方に「現金を出せ」と、脅しをかけてきたのである。

そのため、その店は、なんとかスモールパッケージホールドでピンフォールできたものの、我々の帰りの電車賃がなくなってしまったのである。なんとか新幹線の自由席でふたりが名古屋までゆく分だけは残っていたので、とにかく乗り込んで、車両の端から端まで歩いて知った顔を捜したら（前夜、神戸で新日の試合があったので、誰か知り合いがいるであろうと見当をつけて）、ようやく知り合いを発見、お金をむりやり借りて、なんとか東京までもどることができたのである。

その苦労の甲斐《かい》あって、対談はおもしろいものになった。

ひとつ記しておけば、その時、猪木さんは頭を丸坊主にしていたのである。理由は、これを読んでいる方々にはおわかりだと思うが、猪木さんは女優の倍賞美津子さんと結婚していた時期に、若い女性とおつきあいをしていて、その現場を写真週刊誌に撮られてしまったのである。そしてその後、猪木さんは髪を切って坊主になってしまったのである。

対談として、その話をせずにすますことはできたのだが、もちろんぼくは勇気を出してそのことを猪木さんに訊《たず》ねた。

「あの時、どうだったんですか」

「自分に腹が立って、恥ずかしかったですね」

こんなことを、猪木さん、言うんですね。

「恥ずかしかったというと？」

「自分は、アントニオ猪木です。その猪木が、結婚しているにもかかわらず、妻以外の女性と会っている。いつか、写真に撮られることは覚悟していたんですよ。しかし、その時、アントニオ猪木は、どうふるまうべきか、猪木はどうするか、頭の中でずっとシミュレーションしてきたんですよ。でも、フラッシュが光った瞬間、そういうことが全部ぶっとんじゃって——」

てめえ、この野郎——

「って、やっちゃったんですよ」

つまり、その時、アントニオ猪木はこうあるべきと考えていたことを、みんな忘れてしまったというのである。

そのことを、

「恥ずかしく思っている」

ということだったのである。

坊主頭の猪木さんが、料理屋の小さい和室で、しみじみと頭を掻きながら、これを語った。

心の全てではないにしても、本音の一部としては、本当にそう思ったであろうという〝実〟のようなものがあった。

これも、いい風景だった。

この時間のことを、おりに触れて、ぼくは思い出している。

まことにまことに、アントニオ猪木がいなくなった今思えば、あれはよい時間であったと思う。

5

「日本には世界に誇る三大偉人がいる」

とは、長い間、ぼくがネタ半分、本音半分でずっと言い続けてきたことだ。

それをあげれば、まずは空海、宮沢賢治、そして、我らがアントニオ猪木。

共通点をあげれば、この三人は、四国の讃岐《さぬき》に生まれようが、東北の花巻に生まれようが、横浜の鶴見区に生まれようが、地球上のどこに生まれようが、必ずや、それぞれの道を通ったあげくに、それぞれ空海となり、宮沢賢治となり、アントニオ猪木になったであろうということだ。

まったく、我らは、同時代に、アントニオ猪木という凄い存在を持った。

猪木は、最後までプロレスをした。

死ぬ間際の痩せ細った自分の姿をテレビカメラで撮らせ、それは放映された。

猪木の最後のプロレスである。

「ようするにプロレスってのは、人間の春夏秋冬を見せるもんだろう」

橋本真也の言葉である。

猪木は、プロレスをやりきった。

「この人は、誰かに見られていないとダメなんです。どんなことがあっても、この人を人前に立たせてあげてください」

田鶴子さんの、ほぼ遺言にあたる言葉である。

その通りに猪木は生き抜いて、プロレスをやってのけた。

実によいプロレスを、その死のぎりぎりまで猪木は見せた。

仏教的な宇宙観によれば、様々なことがらが、この無限に近い時間経過の中で風化してゆく。猪木のことも、ぼく自身のことも、他のあらゆることがらが、いずれ消えてゆく。

しかし、今生の、この時間の中で、猪木と出会えたことを、素直に寿《ことほ》ぎたいと思う。

今、この瞬間に、ぼくやあなたが生きて呼吸している、その幸せを悦びたい。

では心をこめて、ここに感謝の雄叫《おたけ》びをあげたい。

「イチッ！」

「ニイッ！」

「サンッ！」

「ダーッ！」

合掌。

猪木について考えることは喜びである

吉田 豪

〔よしだ・ごう〕
プロインタビュアー、プロ書評家、コラムニスト。1970年東京都生まれ。取材対象は多岐にわたり、さまざまな媒体で連載を抱え、テレビ・ラジオ・ネットで活躍の場を広げている。著書に「聞き出す力」シリーズ（日本文芸社、ホーム社）、「書評の星座」シリーズ（ホーム社）ほか多数。

いまから30年ほど前、つまり「週刊プロレス」がいちばん売れていた頃。当時編集長として勢いに乗り、ついでに調子にも乗っていたターザン山本は、連載コラム「ザッツ・レスラー」で「プロレスについて考えることは喜びである」というキャッチフレーズを掲げていたが、とんでもない大嘘だと思う。

だって、プロレスの象徴といってもいい存在だったジャイアント馬場について考えることが喜びのレベルになってる人って世の中に存在する？　いるわけがないよ（暴言）！

あの頃のターザンは馬場のブレーンとして全日本プロレスにガッツリと食い込んでいたが、だからといって馬場について考えることが喜びだったのかというと、絶対にそんなことはなかったはずなのだ。馬場のことをそこまで考えてたのは元子夫人ぐらいでしょ！

ハッキリ言おう。この場合の「プロレス」とはアントニオ猪木のことであり、猪木について考えることはずっと、それこそ猪木が死ぬまでどころか死んだ後も喜びなのである。

もちろん他のレスラーのこともそれなりに考えてきたけれど、猪木は別格だった。猪木は饒舌《じょうぜつ》なのに引退後も決定的なネタばらしはしなかったこともあってすべてが謎だらけだったし、常に考える余地しかなかったとすら思う。こんなとき猪木だったらどうしたのか？　と、自分がしんどい状況に追い込まれたときは常に猪木のことを考えたし、あのときなんで猪木はあんなことをやったのか？　と、猪木の人生のこともしょっちゅう考えた。それを考える上での便利な資料も大量にあった。

いろんな関係者が猪木に惚《ほ》れ込み、「俺だけが唯一の理解者だ」と思いながら猪木のために身も心も財産も捧げてきたのに、猪木は最高の笑顔で最低なことができちゃうタイプだからいつ何時でも側近は使い捨てになり、猪木は当たり前のように別の側近と新たなプロジェクトを始めて、捨てられた側近は未練たっぷりの暴露本みたいなものを出す。そんなことの繰り返しだったおかげで、余計な情報が多いのも猪木について考える上では好都合だった。そして結局、どの暴露本も猪木に対するラブレターでしかなかったのである。

たとえばミスター高橋レフェリーの『流血の魔術　最強の演技―すべてのプロレスはショーである』（講談社、2001年）はプロレスの仕組みについて当事者が語った一冊であり、「リングの魂」の司会を担当するぐらいピュアなプロレスファンの南原清隆《なんばらきよたか》もかなりのショックを受けたし（勝俣州和《かつまたくにかず》情報）、出版後はプロレスファンの数がごっそりと減り、専門誌も休刊に追い込まれたが、なぜか猪木のイメージダウンには一切ならなかった。プロレスに強さは必要ないと主張する本のはずなのに、作者が猪木の強さと狂気にやられちゃっていることが伝わる本だったためである。強さを必要としないカミングアウト済みのエンタメプロレスよりも強さを重要視した猪木プロレスが好きなんだなー、わかる！と。

それぐらい猪木にメロメロなボクだが、実はもともと猪木には全然興味がなかった。80年代の猪木はアントン・ハイセルなどの事業が上手《うま》くいかなくてプロレスに専念できる環境ではなく、どれだけ興行が大入り満員でも所属選手のギャラは上がらず、社債を発行したりで選手やその家族やフロント陣からも金を引っ張った結果（ちなみにその後、新間寿さんと仲良くなってアントン・ハイセルのパンフを譲っていただいたら、そこに誰がどれだけハイセルにお金を注《つ》ぎ込んだのかについての直筆のメモがそのまま書き加えられていて、藤波一族の名前がズラリと並んでいた）、やがてクーデターを起こされ選手も大量離脱したりでどんどん大変なことになっていく時期。後にそういう裏側のゴタゴタも含めて猪木が大好きになるんだが、そんなの小学生ぐらいのボクがピンとこなくてもしょうがない。

その後、高校生になってパンクに夢中になったボクはプロレスから離れ、「UWFは本物なんだよ！」と熱く語る同級生や、梶原一騎好きで空手をやってる同級生とかを小馬鹿にするようになる。どっちも大人になってから大好きになることを思うと、本当に申し訳ないことをしたんだが、ボクが某極左パンクバンドのライブに通っていた1989年は猪木が政治家になった年であり、昭和天皇が崩御した年でもあった。あのとき新生UWFは日本武道館興行が決まっていたこともあって所属選手が皇居まで記帳に行き、新日本プロレスは会場で観客も含めて黙禱《もくとう》する中、全日本プロレスは「そういうことはお客さんに強いるべきではない」との馬場の信念から控室で選手が黙禱するだけで済ませたと聞いて、やっぱり信用できるのは馬場ぐらいだと思っていた。

極左パンクバンドを追ってる人間からすると猪木は否定すべき対象でしかなかったんだが、やがて気付くことになる。別に彼らの下で働くわけでもないんだし、そこまで人としての正しさを評価基準にしなくてもいいんじゃないか？　デタラメな面白さを許容したほうが人生も楽しくなるんじゃないか？　と。

そんなボクがプロレスに再び目覚めたのは1990年、三沢光晴が虎のマスクを投げ捨て、ジャンボ鶴田が怪物的な強さを発揮するようになったのがきっかけだった。そして92年1月4日、政治活動が忙しくなってセミリタイア状態だったため461日ぶりの復帰戦となった新日本プロレス東京ドーム大会での馳浩《はせひろし》戦で、ボクはようやくアントニオ猪木に目覚めるのだ。ちなみに89年3月12日、後楽園ホールで行われた同じ対戦で、馳は猪木に目を指でえぐられ、角膜がはがれて1週間ぐらい目が真っ赤だったと後に告白。さすがにそこまでではなかったが、現役国会議員だと思えないぐらいには異常な試合だった。

続いて94年には、佐藤久美子元秘書と新間寿に告発された、いわゆる猪木スキャンダルも勃発するわけである。誰よりも猪木のことを愛したのにクーデターで自分だけ新日本から切られた新間寿が、スポーツ平和党で猪木と再びタッグを組んだと思ったら、まさかの展開！　生放送のワイドショーで「女性の方は耳をふさいで下さい。アントニオ猪木のPKO。パンパン、コイコイ、オ……」といった1時間以上の新間節が放送されたり、沢野慎太郎秘書が議員会館のトイレで新間寿に襲われて「助けてくださーい！」と叫ぶ模様も放送されたり（ワイドショーのカメラがトイレに入ると倒れたままの沢野秘書！）、世間をプロレスに巻き込む過激な仕掛人・新間寿！　そうした疑惑の数々を「まあ、それぐらいやってるかもな」と思わせる猪木！

これには完全にやられたし、そんな猪木スキャンダルの資料集として必読すぎる名著『猪木とは何か？』（芸文社、1993年）も発売。「紙のプロレス」が作ったこの本の書評と、渦中の猪木を「SPA！」でインタビューした記事が評価されて、ボクは「紙のプロレス」編集部にヘッドハンティングされることとなる。つまり、ボクの人生を変えたのはアントニオ猪木だったたってわけなのである。

ボクにとって初めての猪木取材だったこの件について、もうちょっと書いてみよう。これは「SPA！」の有名人私的ニュースベスト10企画で、当時まだ50歳だったはずの猪木を前に、議員会館に初めて入ったまだ23歳のボクはなかなか切り込めずにいた。編集サイドとしてはスキャンダルについて話して欲しいのに、放っておいたら猪木は世界情勢の話しかしないのだ。それで、「すいません、プライベートで、たとえば奥さんとの間で何かないですか？」と聞いたり、「今回のスキャンダルは？」と聞いたりで、その結果「ソマリアの問題」「南アフリカの選挙」「PLOとイスラエルの和平」といった項目の中に「9位　女房の親父《おやじ》の奇跡」とかが紛れてくる不思議なベスト10記事が完成。その10位が「俺の問題」で、「とんでもねえ話ばかりで参りましたが、佐藤（元秘書）なんて、俺の女だったわけでもあるまいし、新間（寿）が書いた俺の批判本にしたって誰も見てませんしね（笑い）」。1位は「俺が死なないこと」。「女だ、詐欺だ、税金だ、ピストルだと、これだけのスキャンダルでも俺が死なないと証明されたのが、一番のニュースかもしれないな（笑い）」と笑い飛ばす猪木らしい記事に仕上がったのである。なお、このとき佐藤元秘書の本も「読んでねえですよ」と言っていたんだが、議員会館の猪木の部屋には新間寿の本も佐藤元秘書の本も当たり前のように並んでいたのも実に猪木らしいなと思う。

そして、猪木が世界情勢を語っているときに「ジャッ、ジャッ」という謎の金属音がして、音がするほうを見てみたら、猪木が股間のチャックを開け締めしながらインタビューに答えていたから驚愕《きょうがく》！　社会について語りながら社会の窓を気にする男・猪木！　数年後、沢野秘書から「議員はあのときチャックの調子が悪かったんですよ」との裏事情を聞くことはできたが、猪木の得体のしれない怖さを目の当たりにした気がしたのである。

こんな経緯で猪木にハマり、「紙のプロレス」編集者になったボクだったが、連載企画「プロレス用語大辞林」の記述をきっかけに新間ジュニアこと新間寿恒《ひさつね》氏の呼び出しを受けることとなる。しかも、そこには新間ファミリー勢揃いで、いきなり「この野郎、山口（日昇《のぼる》）！」と新間ジュニアに人違いされながら頭を鷲掴《わしづか》みにされて膝蹴りを入れられ、新間寿が「やめるんだツネ！」と叫びながらジュニアを背後から羽交い締めにするという謎展開に！　何がなんだかサッパリわからなかったが、自分が新間劇場の出演者になっていることが感慨深くてしょうがなかった。

その後、この〝お膝蹴り事件〟を誌面でネタにしたことでまた怒った新間ジュニアが今度は一人で「紙プロ」編集部に乗り込んできたものの、このときすでに「紙プロ」は沢野秘書と仲良くなっていて、「AERA」の取材だと嘘をついて誌面にしょっちゅう猪木を引っ張り出したりの関係になっていたから、こういう強引なアクションをきっかけに関係性を作ろうとしていたっぽい新間ファミリーをあっさり突き放して、それで話は終わった。

95年、猪木は再び参議院選挙に出馬。「渋谷駅前での演説で闘魂ビンタをやるんだけど、最初に支援者がビンタされた後、群衆が出て来やすくするためのサクラとしてビンタされてこい」と「紙プロ」の上司に言われ、ボクが人生最初で最後の闘魂ビンタを喰《く》らい、あまりの痛さに「……絶対、猪木にだけは投票しない！」と誓う瞬間の姿が『猪木道　闘魂ロード（完全版）』というビデオに収められている。スキャンダルの余波もあって猪木は選挙に落ち、2013年に維新から出馬して国会に返り咲くまでの18年間が、猪木本人としては不本意だったかもしれないけどボクからしたら心置きなく応援できる時期だったんだと思う。

これぐらいの時期から、漫画の世界における猪木の描かれ方もどんどん変わっていく。谷村ひとし先生や板垣恵介先生が〝どんなに卑怯《ひきょう》な手を使ってでも勝とうとする本当は悪い猪木〟キャラを描くことで、猪木のダーティーなイメージが世間に定着。この件について谷村先生は「猪木さんは、いろんな情報も入ってきてたんで、ここまで描いていいのかなっていうのもありましたけど」「ダークサイドすごすぎるけどスケールもデカいっていう感じで描きましたからね。あれぐらい描いても倒れない勢いがあの頃の猪木さんにはありましたから」と言っていたが、谷村先生や板垣先生にこういう猪木知識を提供していたのが谷川貞治氏だったという噂もある。それを谷村先生に直撃したら、「ハハハハハハ！なかなかそれは鋭いかもしれませんね（笑）。ジャイアント馬場最強説も板垣くんが最初に言い始めて、それも谷川さんと話してるなかで出てきたことで」と証言。谷川さんに猪木情報を提供したのは師匠のターザン山本ではなく、当時から交流が深まっていた「紙プロ」の柳沢忠之なので、つまり「紙プロ」視点の猪木観が世間に広まっていったわけなのだ。

過去のやりすぎな試合を中心としたビデオシリーズ『キラー猪木』も発売され、猪木のイメージは徐々に変わっていった。ボクもこの仕事を始めていろんな選手や関係者をインタビューするようになり、どんどん猪木のことが好きになっていったんだが、最高にしびれたのは寛水流《かんすい》にまつわるエピソードだ。

猪木が「いつ何時、誰の挑戦でも受ける！」と公言していたことで、東海の殺人拳の異名を持つ空手家・水谷征夫《みずたにまさお》に「だったら1億円賭けて俺と闘え！」と鎖鎌片手に挑まれるという事故みたいな出来事から、話は意外な方向へと転がっていく。水谷会長は「拳闘家、武術家、相撲、プロレス、あらゆる格闘家に対しての挑戦」がライフワークで、千代の富士や北の湖、ファイティング原田といった各界の大物たちに片っ端から挑戦を挑む、凶悪な当たり屋のような人物だった。

ボクが寛水流の二代目会長・世古典代氏（本業は市役所勤務の公務員）をインタビューし

たら、水谷会長が騒音を嫌ったため、近所で犬が吠えていたら門下生が木刀で撲殺し、近所で子供が花火で遊んでいたら門下生が川に放り込み、力尽《ちからず》くで静かな環境を作り出したといった洒落《しゃれ》にならない話ばかりが飛び出したから、もうビックリ。もちろん創設者の水谷会長が亡くなってからはちゃんと平和な空手流派になったようなんだが、コワモテな門下生にガードされながら「ワシが先代から跡目を継いだときは……」なんて話を始めるし、取材を終えたら黒塗りで日の丸のステッカーが貼られたワゴン車に乗せられて炭焼きステーキ屋の個室で接待されるし、帰り際には10万円握らされるし、本が出たら100冊単位での注文も入るしで、水谷会長の本を出した「週刊ファイト」井上義啓編集長や元安藤組・安藤昇《のぼる》は果たしてどれだけの接待をされたのだろうか……。

幹部が辞めるときは指をつめなきゃいけないとか、水谷会長時代の寛水流はほぼ反社会組織みたいなものであり、そんな厄介すぎる男に猪木はターゲットにされたわけなのだ。

ところが鎖鎌片手に水谷会長が真剣勝負を挑んできたというのに、「そんなことより一緒に空手の流派を作りましょう」と持ちかけて抱き込み、猪木寛至の〝寛〟と水谷征夫の〝水〟を取って寛水流を立ち上げた昭和の新日本もすごいし、すぐに水谷会長をジャイアント馬場に差し向けて真剣勝負を迫らせるという展開もさらにすごいし、そしたら馬場のバックの怖い人たちが出てきて一瞬で撤退したりと昭和の全日本も相当すごい。馬場はキラーぶりの質が違う！

さらには寛水流が最強を名乗ったことで、友好関係にあった極真系の空手流派が激怒。梶原一騎が士道館の添野義二《そえのよしじ》館長らと猪木をホテルの部屋に呼び出し、初代タイガーマスクの版権使用料の支払いが滞っていることや、寛水流のことで責め立てたところ、これが梶原一騎を別件逮捕しようとしていた警察の介入によってアントニオ猪木監禁事件と呼ばれる騒動に発展するんだが、実は猪木は新間寿を置いてすぐに部屋を出て行っているので、正確には新間寿監禁事件じゃないかと思う。

もっと言うと、1980（昭和55）年に実現した猪木対ウィリー・ウィリアムスの異種格闘技戦がセコンドも含めた大乱闘でノーコンテストになりかけたとき、立会人として試合続行を宣言したのも梶原一騎で、そもそもこの試合のプランを猪木サイドに持ちかけたのも梶原一騎だったたし、ついでに言うと寛水流は猪木側のセコンドだった。映画&漫画『四角いジャングル』も含めて梶原一騎と組んでいろんなビジネスをやってきたはずなのに、監禁騒動後は「梶原さんとは話したこともないんですよ。立ち話程度で」と真顔で言い切る猪木の冷たさにも戦慄《せんりつ》した。これが猪木得意の使い捨てか、と。

梶原一騎が亡くなった後、猪木は「それになんのかんのと言っても、あの人は基本的にはアントニオ猪木のファンだったんですから！（笑）」と呑気《のんき》に言い放ち、おまけに寛水流についても「水谷さんと会って話してみてわかったことが、彼はアントニオ猪木のファンだったということなんですよ（笑）」とも言っていた。デタラメすぎる……と言いたいところだが、後に馬場と組んで二代目タイガーマスクを作った梶原一騎は、自宅に来た馬場を見送った後、「……どうこう言っても俺はアントニオ猪木が好きなんだよ」と言っていたと高森篤子《あつこ》夫人から聞いたこともある。本当に猪木ファンだったのだ。

猪木がすごいのは人として明らかにアウトなことばかりやってるはずなのに、それでもこうやって愛され続けたことなのだ。

おそらく最も猪木に振り回されまくり、アフリカのジャングルに一人だけ放置されたり、猪木の仕掛けで長州力に噛み付かれたり、藤原組長に襲われたりしていた藤波辰爾が、最後までただのファンとしてニコニコしながら猪木のことを語っていたのが忘れられないし、付き人だった時代の高田延彦《のぶひこ》が猪木を好きすぎて思わず黒いショートタイツの匂いを嗅いだ話もボクの大好物だ。ヴィジュアル的に猪木よりも格好いい選手はいただろうけど、そういうものを超越した色気や魅力が猪木には確実に存在した。これは倍賞美津子もメロメロになって、二人で仲良くトイレに入って便座を破壊するのもしょうがない！

パキスタンでアクラム・ペールワンとのシュートマッチに挑み、相手の目をえぐって引退に追い込んだときも、新婚旅行感覚で倍賞美津子もパキスタンに同行していて、「インダス川の上流で遺跡をほじくり返し、古銭や茶碗《ちゃわん》のかけらを見つけては子供みたいにはしゃいでトランクいっぱいにつめ込んだ」って話とか、どう考えても呑気すぎるでしょ！

猪木対モハメド・アリでアリが倍賞美津子にメロメロになったりとか、物騒な試合と倍賞美津子との呑気な日常が両立していたのが昭和新日本の素晴らしさだとボクは思う。昭和新日本の若手選手たちが、1979（昭和54）年4月公開の映画『復讐《ふくしゅう》するは我にあり』で、三國連太郎が息子である緒形拳《おがたけん》の嫁（倍賞美津子）の胸を露天風呂で後ろから揉みまくった（ついでに股間もまさぐったとの噂も流れた）ことに激怒して、松竹に乗り込もうとした話も最高。

しかし、そんな楽しい時間も終焉《しゅうえん》を迎え、猪木は1986（昭和61）年に六本木の美人ホステスとの浮気を写真週刊誌に撮られて禊《みそぎ》のため坊主頭になる。「いや、夜遊びが過ぎてね（笑）。実は、フォーカスにやられてね。それで男のけじめをつけたわけ。やましいところはないんだけど、周りの人に迷惑をかけることになるからね」と釈明していたけれど、確実にやましいところしかないよ！　このとき「俺の怒りを晴らし、世界に日本のマスコミの異常さを訴えるアピール」のため「バキュームカーで編集部に乗り付け、汚穢《おわい》をぶちまけ」ようとして汚穢を用意していたのも狂ってる！

こうして心が離れた倍賞美津子が次に選んだ男が1985（昭和60）年の映画『恋文』で出会った萩原《はぎわら》健一なのも、さすがのチョイスなのである。

1987（昭和62）年に行われたマサ斎藤との巌流島決戦も、あれが離婚届に判を押した直後だとわかって観ると深みが全然変わってくる。もっと言うと、政治家・猪木を一切評価していないボクも、最高の相手と離婚して、プロレスラーとして全盛期を過ぎた猪木が政治の世界で情熱を燃やした理由が、正直わかるのだ。

そんな政治家・猪木にとって最大のミステリーといえばこれ。1989年10月14日、会津若松で講演中、暴漢に短刀で襲われて10針を縫う怪我《けが》を負い、それでも自分で止血しながら講演を続けたエピソードだ。現役議員が襲われるという相当な事件なのに犯人が何者なのか全然報じられなくて、それは犯人が精神疾患の持ち主だったからだと言われてたりもするんだが、果たして本当にそうなのか？

これは裏も取れていない話なので話半分で聞いて欲しいが、ボクが「紙プロ」に入ったとき、あれは〝猪木に教えていないだけの仕込み説〟を耳にしたのだ。確かにあの新間寿と再びタッグを組んだ直後なので、タイガー・ジェット・シンの新宿伊勢丹襲撃事件みたいなことを政治の世界で再現しようとしていた可能性もゼロではないし、猪木と新間ならそれぐらいやったとしてもおかしくない。

もしやっていたとしてもイメージダウンにならないというか、底知れなさを感じるだけだし、こんな妄想がいまでも膨らみまくるレスラーも確実に猪木ぐらいなのであった。

【アントニオ猪木 年表】

1943（昭和18）年	2月20日	横浜市鶴見区で父・佐次郎、母・文子との間に生まれる。
1957（昭和32）年		家族と共にブラジルに渡り、農場での労働に従事。
1960（昭和35）年	4月10日	ブラジル遠征中の力道山にスカウトされて帰国。日本プロレスに入団。
	9月30日	東京・台東区体育館での大木金太郎戦でデビュー。同日、ジャイアント馬場も初リング。
1962（昭和37）年	11月9日	沖縄・那覇バスターミナル裏広場大会よりリングネームを「アントニオ猪木」に改名。
1963（昭和38）年	12月15日	師であり付き人も務めていた力道山が死去。
1966（昭和41）年	3月21日	豊登の新団体に参加すべく、ハワイから日本プロレス離脱を表明（「太平洋上の略奪」）。
	10月12日	東京・蔵前国技館で東京プロレス旗揚げ戦。メインでジョニー・バレンタインに勝利。
	11月19日	大阪球場特設リングでジョニー・バレンタインを破りＵＳヘビー級王座奪取。シングル初戴冠。
1967（昭和42）年	4月6日	東京プロレス崩壊に伴い、永源遙らとともに日本プロレスに復帰。
	5月26日	札幌中島体育センターで吉村道明と組みアジアタッグ王座を初戴冠。
	10月31日	大阪府立体育会館で、馬場との「ＢＩ砲」でインターナショナル・タッグ王座を獲得。
1969（昭和44）年	12月2日	大阪府立体育会館で、ドリー・ファンク・ジュニアのＮＷＡ世界ヘビー級王座に挑戦。60分ノーフォールでの時間切れ引き分けで歴史的名勝負に。
1971（昭和46）年	11月2日	女優の倍賞美津子と結婚。京王プラザホテルで披露宴が行われる。
	12月7日	札幌中島体育センターでＢＩ砲最後のタイトルマッチ。王座陥落し、日プロでの最後の試合に。
	12月13日	日本プロレスから追放処分を受け離脱。
1972（昭和47）年	1月26日	新日本プロレスリング株式会社の設立を発表。29日には東京・世田谷区野毛で道場開きも行う。

１９７３（昭和48）年	３月６日	東京・大田区体育館で新日本プロレス旗揚げ。メインイベントでカール・ゴッチに敗退。
	11月５日	東京・新宿の伊勢丹百貨店前で美津子夫人と買い物中、タイガー・ジェット・シンに襲撃される。
	12月10日	東京体育館でジョニー・パワーズに勝利しＮＷＦ世界ヘビー級王座を獲得。
１９７４（昭和49）年	３月19日	東京・蔵前国技館でストロング小林に勝利しＮＷＦ王座を防衛。〝昭和巌流島決戦〟と言われた。
	６月26日	大阪府立体育会館でシンの腕をアームブリーカーで折って勝利し、ＮＷＦ王座を防衛。
１９７５（昭和50）年	12月11日	東京・蔵前国技館でビル・ロビンソンと60分フルタイムドロー。名勝負と評価される一戦に。
１９７６（昭和51）年	２月６日	東京・日本武道館で柔道のウィリエム・ルスカに勝利。異種格闘技戦がスタート。
	６月26日	東京・日本武道館で現役ボクシング世界王者モハメド・アリと格闘技世界一決定戦を行いドロー。全世界に中継された一戦は、当時「世紀の凡戦」と酷評された。
	12月12日	パキスタン・カラチで現地の英雄アクラム・ペールワンと異種格闘技戦で対戦、腕を折り勝利。
１９７７（昭和52）年	12月８日	東京・蔵前国技館でグレート・アントニオ戦。顔面を蹴るなど凄惨な試合の末に勝利。
１９７８（昭和53）年	２月８日	東京・日本武道館で、上田馬之助と史上初の釘板デスマッチで対戦し勝利。
	11月25日	西ドイツ・シュトゥットガルトでローラン・ボックと初対戦し判定負け。
１９７９（昭和54）年	８月26日	東京・日本武道館で「夢のオールスター戦」開催。メインで8年ぶりにＢＩ砲を復活させ、タイガー・ジェット・シン&アブドーラ・ザ・ブッチャー組に勝利。試合後、馬場に対戦を呼びかける。
	11月30日	徳島市体育館でボブ・バックランドに勝利し、日本人初のＷＷＦ世界ヘビー級王者に。
１９８０（昭和55）年	２月27日	東京・蔵前国技館で元極真会館の〝熊殺し〟ウィリー・ウィリアムスと格闘技世界一決定戦でドロー。
	９月25日	広島県立体育館で、猪木が「逆ラリアート」を繰り出しスタン・ハンセンに勝利。
１９８２（昭和57）年	１月28日	東京体育館でブッチャーと初のシングル戦。反則勝ちを収める。

1983（昭和58）年	2月7日	東京・蔵前国技館でラッシャー木村、アニマル浜口、寺西勇の国際軍団との1vs.3マッチで敗戦。
	6月2日	東京・蔵前国技館で世界の王座統一を旗印に掲げてスタートした「IWGP」リーグ戦の決勝戦でハルク・ホーガンに敗戦。「舌出し失神」が衝撃を呼ぶ。
1985（昭和60）年	4月18日	東京・両国国技館でブルーザー・ブロディと初対戦。両者リングアウトでドロー。
1986（昭和61）年	2月6日	東京・両国国技館でUWF代表者決定リーグ戦を勝ち抜いた藤原喜明と対戦し勝利。
	6月17日	愛知県体育館で、アンドレ・ザ・ジャイアントからアームバーで世界初のギブアップ勝ちを奪う。
1987（昭和62）年	6月12日	東京・両国国技館でマサ斎藤に勝利し、正式にタイトル化されたIWGPの初代王者となる。
	10月4日	山口・巌流島でマサ斎藤と「巌流島の戦い」。2時間5分14秒の激闘の末に勝利。
	12月27日	東京・両国国技館で、たけしプロレス軍団（TPG）登場に絡みリング上が混乱。長州を下した後、初登場のビッグバン・ベイダーに敗北。その後、観客の暴動が発生。
1988（昭和63）年	8月8日	横浜文化体育館で、藤波辰巳のIWGPヘビー級王座に挑戦。60分時間切れ引き分けの名勝負に。
1989（平成元）年	4月24日	初の東京ドーム大会を開催。ソ連から初めてプロ選手として招聘した柔道家ショータ・チョチョシビリと対戦。異種格闘技戦で唯一の敗戦を喫する。
	7月23日	第15回参議院議員選挙で、スポーツ平和党から出馬し初当選。プロレスラー初の国会議員に。
	10月14日	福島・会津若松市で講演中に暴漢に襲撃され10針縫うケガを負う。
1990（平成2）年	2月10日	東京ドーム大会で坂口征二と組み橋本真也&蝶野正洋組と対戦。負ければ引退かと囁かれた一戦に勝利し、試合後「1・2・3、ダー!」を初披露。
	9月30日	横浜アリーナで「30周年メモリアル・フェスティバル」開催。シンと初タッグを結成し、ベイダー&浜口組に勝利。同日、「グレーテスト18クラブ」設立。
	12月2日 3日	イラクで「スポーツと平和の祭典」開催。これを機に、7日に湾岸戦争での日本人人質41人が解放される。

1992（平成4）年	1月4日	東京ドームで馳浩に勝利。猪木は1年3ヵ月ぶりの復帰戦を制す。
1994（平成6）年	1月4日	東京ドームでの天龍源一郎戦でピンフォール負けを喫する。
	5月1日	福岡ドームで「イノキファイナルカウントダウンシリーズ」開始。初戦のグレート・ムタに勝利。
1995（平成7）年	4月28日 29日	北朝鮮・平壌で「平和の祭典」開催。 2日間で38万人を動員。2日目にはリック・フレアーと対戦。
1998（平成10）年	4月4日	東京ドームで引退興行。トーナメントを勝ち抜いたドン・フライに勝利し有終の美を飾る。
	10月24日	東京・両国国技館で新団体「U.F.O.」旗揚げ戦を開催。
2000（平成12）年	12月31日	大阪ドームで「猪木祭り」が初開催。以後、格闘技イベントは大晦日の名物に。
2002（平成14）年	8月28日	東京・国立競技場で「Dynamite!」のプロデューサーに。スカイダイビングで登場し話題に。
2005（平成17）年	11月14日	所有していた新日本プロレスの株式を株式会社ユークスに売却。同団体経営から身を引く。
2007（平成19）年	6月29日	東京・両国国技館で、新団体「IGF（イノキ・ゲノム・フェデレーション）」旗揚げ戦。
2010（平成22）年	2月1日	世界最大のプロレス団体WWEが制定するWWE殿堂入りが日本人で初めて認められる。
2013（平成25）年	7月21日	第23回参議院議員選挙に日本維新の会から比例代表で出馬し当選。18年ぶりに国政復帰。
2020（令和2）年	2月28日	東京・後楽園ホールで「燃える闘魂60周年メモリアルセレモニー」。最後のリング登場となる。
	7月26日	ツイッターで「心アミロイドーシス」という難病に冒されていることを明かす。
2021（令和3）年	11月27日	NHKBSプレミアムで『燃える闘魂 ラストスタンド～アントニオ猪木 病床からのメッセージ～』放送。正確な病名は「全身性トランスサイレチンアミロイドーシス」と公表。
2022（令和4）年	1月4日	旗揚げ50周年イヤーを迎えた新日本プロレスの東京ドーム大会にビデオメッセージで登場。
	10月1日	東京都内で心不全のため死去。享年79。

入不二基義（いりふじ　もとよし）
一九五八年生まれ。哲学者。
香山リカ（かやま　りか）
一九六〇年生まれ。精神科医、プライマリ・ケア医。
水道橋博士（すいどうばしはかせ）
一九六二年生まれ。芸人。
ターザン山本（たーざん　やまもと）
一九四六年生まれ。元「週刊プロレス」編集長。
松原隆一郎（まつばら　りゅういちろう）
一九五六年生まれ。社会経済学者、放送大学教授。
夢枕　獏（ゆめまくら　ばく）
一九五一年生まれ。作家。
吉田　豪（よしだ　ごう）
一九七〇年生まれ。プロインタビュアー、プロ書評家。

アントニオ猪木《いのき》とは何《なん》だったのか

集英社新書一一八〇H

二〇二三年九月二〇日　第一刷発行

著者……入不二基義《いりふじもとよし》／香山《かやま》リカ／水道橋博士《すいどうばしはかせ》／ターザン山本《やまもと》／松原隆一郎《まつばらりゅういちろう》／夢枕《ゆめまくら》　獏《ばく》／吉田《よしだ》　豪《ごう》

発行者……樋口尚也

発行所……株式会社集英社

東京都千代田区一ツ橋二-五-一〇　郵便番号一〇一-八〇五〇

電話　〇三-三二三〇-六三九一（編集部）
〇三-三二三〇-六〇八〇（読者係）
〇三-三二三〇-六三九三（販売部）書店専用

装幀……原　研哉

印刷所……凸版印刷株式会社

製本所……ナショナル製本協同組合

定価はカバーに表示してあります。

ISBN 978-4-08-721280-8 C0275

Printed in Japan

a pilot of wisdom

集英社新書　好評既刊

体質は3年で変わる
中尾光善　1169-I

エピジェネティクス研究の第一人者が、「体質3年説」の提唱と、健康と病気をコントロールする方法を解説。

なぜ豊岡は世界に注目されるのか
中貝宗治　1170-B

前市長が全国の自治体に応用可能な視点を示しながら人口が減少し産業も衰退しても地方が輝く秘策を綴る。

江戸の好奇心　花ひらく「科学」
池内　了　1171-D

和算、園芸、花火……。江戸の人々が没頭した「もう一つの科学」。近代科学とは一線を画す知の蓄積を辿る。

続・韓国カルチャー　描かれた「歴史」と社会の変化
伊東順子　1172-B

待望の第二弾。韓国の歴史に焦点を当てNetflix配信の人気ドラマや話題の映画から韓国社会の変化に迫る。

戦略で読む高校野球
ゴジキ　1173-H

二〇〇〇年以降、甲子園を制したチームを分析し、戦略のトレンドや選手育成の価値観の変遷を解き明かす。

トランスジェンダー入門
周司あきら／高井ゆと里　1174-B

「トランスジェンダー」の現状をデータで明らかにし、医療や法律などから全体像を解説する本邦初の入門書。

ウクライナ侵攻とグローバル・サウス
別府正一郎　1175-A

なぜ発展途上国の一部はウクライナへ侵攻するロシアを明確に批判しないのかを現地ルポを交え解き明かす。

スポーツの価値
山口　香　1176-B

勝利至上主義などスポーツ界の問題の根本原因を分析し、未来を切りひらくスポーツの真の価値を提言する。

スーフィズムとは何か　イスラーム神秘主義の修行道
山本直輝　1177-C

伝統イスラームの一角をなす哲学や修行道の総称スーフィズム。そのよく生きるための「実践の道」とは？

若返りホルモン
米井嘉一　1178-I

病的老化を止めるカギは最強ホルモン「DHEA」にある。最新研究が明らかにする本物のアンチエイジング。